신화의 섬,
시칠리아

한 여자와 산 하나를 찾아가는 시칠리아 기행

이 도서의 국립중앙도서관 출판시도서목록(CIP)은 e-CIP 홈페이지(http://www.nl.go.kr/ecip)에서
이용하실 수 있습니다.(CIP제어번호: CIP2008002982)

신화의 섬, 시칠리아

한 여자와 산 하나를
찾아가는 시칠리아 기행

박제 지음

아트북스

바다와 하늘과 산과 인간이 만나는 곳……
신화가 살아 있는 곳……
뜨거운 불꽃을 품고 있는 그곳,
시칠리아

시칠리아의 그림자와
그리스의 빛을 되새기며

일러두기
_ 단행본・잡지・신문 제목은 『 』, 미술작품・영화・단편소설・시・논문 제목은 「 」, 전시회 제목은 〈 〉로 표기하였다.
_ 외래어 표기는 국립국어원의 규정을 따랐다.

| 여행을 시작하며 |

달콤한 **문명의 향기**가 감도는 **신화의 섬**을 찾아

어린 시절을 돌이켜보면, 공부하러 학교에 가는 것보다 혼자 책을 읽거나 산과 물가를 돌아다니는 것이 더 좋았다. 여느 아이들과 마찬가지로 왜 공부를 해야 하는지 바탕이 되는 까닭을 미처 깨닫지 못했기 때문이다. 그러다 아무도 일러주지 않은 이 질문의 답을 찾긴 했어도, 그것은 여전히 어려웠다. "공부는 인간이 되기 위해서 하는 것이다." 어린 마음에 거울에 비친 자신의 모습은 분명 사람이었다. 사람의 이름을 가진 자신이 분명 인간이거늘 어찌 다시 인간이 되기 위해 공부를 해야 한다는 걸까…….

그 답을 제대로 이해하기에는 긴 세월을 흘려보내야 했다. 학교를 떠난 지도 이미 오래 전이다. 그렇다고 비로소 인간이 되었다고 스스로 자신하기에는 더 커다란 혼란이 뒤따르는 아득한 현실 속에 내가 있다. 그래서 사람은 평생 공부의 숙제를 짊어지고 가야 하는 존재인가 보다. 이제는 돌아갈 학교도 없는 처지에 이르렀다. 하면 뒤늦게나마 인간이 되고자 노력할 기회마저 영영 사라져버리고 만 걸까?

공부는 자기 내면의 정진이라고 생각한다. 그러기에 굳이 학교의 테두리를 고집할 필요가 없다는 점이 큰 위안거리다. 그저 후회에 머무르지 않고 잃어버린 공부의 기회를 되찾을 수 있는 길이 보였다. 바로 여행이다. "인생에서 가장 훌륭한 학교는 여행이다"라는 말이 나타내듯이 모난 구석을 깎아내고, 고정되어 있는 좁은 시야를 넓히고, 새로운 것과 부딪히면서 생각의 깊이를 파고 들어가고, 자신과 다른 것도 받아들일 줄 알게 되고, 어리석음의 정체를 보게 되고, 삶의 흐름을 절절히 느끼게 되는 과정이 바로 여행이다. 인간이 될 수 있는 산교육의 현장이다.

  일찍부터 둥지를 떠나 여기저기를 돌아다녔다. 처음에는 멋도 모르고 떠난 길이었다. 미세한 가루가 차츰 앙금을 이루듯이, 어느덧 여행에서 만난 것들과 기억 속에 가라앉았다 다시 떠오르는 추억들이 어느 교과서보다 더 절실한 덩어리가 되어 가슴 속에 차 들어왔다. 그렇게 발길이 닿았던 곳의 한 곳이 시칠리아다.

  시칠리아는 섬이다. 아직도 내게 가장 커다란 동경의 땅 가운데 하나는 단연 마다가스카르 섬이다. 또한 신비로웠던 기억이 뇌리를 결코 떠나지 않는 델로스 섬을 비롯한 여러 섬들을 가보았지만, 섬을 유난히 좋아해서는 아니었다. 오히려 답답하다는 선입견부터 생기는 곳이 섬이다. 사방이 눈길의 끝조차 닿지 않는 망망대해인데도 갇힌 느낌에 사로잡히는 이유는 인간의 한계 때문일까? 한편으로, 섬은 잘 보관된 보물 상자와 같고 그대로 굳어버린 화석과도 같다. 외부와의 만남이 뜸하여 한번 들어온 역사와 문화가 심하게 닳지 않은 채 고스란히 남는 경우가 많기 때문이다. 뚜껑을 열면 눈부시고 값진 보석들이 가득하듯이, 인간이 만들어놓은 갖가지 삶과 문명이 좁은 울타리 안에 빼곡히 모여 있기에 그 만남의 강도가 훨씬 높은 까닭이다.

글을 쓸 목적을 앞세워 시칠리아를 찾아간 것은 아니었지만, 시칠리아의 추억은 글이 되었다. 닦을수록 빛나는 보석처럼, 돌아다녔던 모퉁이마다 스친 자국들이 마음의 등불이 되어 지금도 어른거린다. 아직도 우리에게는 먼 곳이고 쉽게 찾아가긴 힘든 곳이지만, 시칠리아의 매력과 감동은 '언젠가……'라는 꿈을 꾸기에 모자람이 없다. 바다와 하늘과 산과 인간이 만나는 곳이 어디 이곳뿐일까마는 문명의 향기가 이처럼 달콤하고 매혹적인 곳은 그리 많지 않을 것이다.

이제는 내 마음속의 섬이 되어버린 시칠리아를 다른 이들에게도 보여주고 싶었다. 그러기엔 턱없이 모자라는 내용이지만, 인간의 모습을 찾아 떠나는 여행자들의 희미한 등대가 되고팠던 나의 지나친 욕심을 이해해주길 바랄 뿐이다.

글이 책이 되도록 해주신 정민영 대표와 아트북스 편집자를 비롯해 수고해주신 모든 분께 감사드린다.

2008년 10월
파리에서 박제

| 차례 |

여행을 시작하며 _ 9

 한 여자

시칠리아의 얼굴, 메두사_ 19
신화, 역사, 자연이 어우러진 섬 | 시칠리아의 또 다른 이름, 트리나크리아
메두사, 그대의 이름으로

곁가지 | 그리스 피토스에서 찾은 메두사와 페르세우스_ 42

마피아의 피가 흐르는 곳_ 48
핏속을 흐르는 진한 것 | 마피아의 고향 | 주마등처럼 펼쳐지는 시칠리아의 역사

헛걸음 뒤에 맛본 모자이크의 황홀경_ 58
처음엔 열리지 않는 문 | 20여 년 만에 찾은 비잔틴의 보석

뒷골목에서 만난 팔레르모의 매력_ 72
백 개의 성당을 가진 도시 | 남자들이 차지한 시칠리아의 재래시장
토속 음식을 맛보는 여행의 매력

한 여자 마돈나_ 86
태양의 계절과 정적의 계절 | 사랑의 열병
어디에서도 찾아볼 수 없는 독특한 성모영보 | 팔레르모의 마돈나가 보여준 놀라움
성스럽지 않은 성모 | 파격을 증언하는 두 마돈나 | 헤어날 수 없는 마력

곁가지 | 피할 수 없는 오직 하나, 죽음_ 110

2부 산 하나

드디어, 에트나와 마주서다_ 125
변덕스러운 에트나 | 멈추지 않는 에트나의 분노 | 고대 유적지로 돌아가는 길

신이 떠나버린 돌무덤, 아그리젠토_ 136
그리스 신전에서 되새기는 신라인의 정신 | 바닷가에 남겨진 돌무덤 | 빈 터에 남은 것들
곁가지 | 아그리젠토의 현자들_ 152

돌의 꽃밭, 카살레의 빌라 로마나_ 164
꿈의 별장은 돌바닥을 남기고 | 묻힌 역사를 증언하는 동전 하나
시들지 않는 꽃, 모자이크 | 상상을 넘어서는 로마인의 쾌락
즐거움을 위해 온 세상을 돌아서 | 셀 수 없는 조각들이 그려내는 신화들
로마인의 잔치에 나타난 헤라클레스의 전설 | 바다를 감동시킨 아리온
에트나의 거인을 골탕 먹인 오디세우스 | 로마 미녀들의 비키니
목욕탕에 자욱한 로마인의 철학
곁가지 | 시인의 머리에 얹어진 월계수, 다프네_ 200

테아트론과 신화가 살아 있는 시라쿠사_ 206
섬 속의 섬, 검은 바다 속의 하얀 산 | 신과 인간이 만나는 테아트론 | 돌산을 통째로
시칠리아까지 도망 온 카라바조 | 놀리듯 혀를 내민 고르곤 | 에트나를 둘러싼 신들의 싸움
곁가지 | 에트나의 괴물, 티폰_ 232

에트나에 오르다_ 244
원시본능으로 가는 여행 | 루브르에서 꿈꾸던 에트나 | 퐁텐블로에 심긴 마니에리스모
지하세계를 움직인 페르세포네의 미모 | 죽음의 과일, 빨간 석류 | 사계절의 비밀
타오르미나의 에트나, 어린 시절의 앞산

밀라노
베네치아
제노아
피렌체
코르시카
(프랑스령)
이탈리아
로마
나폴리
사르디니아
시칠리아 섬

「성모영보의 마돈나」
팔레르모
트라파니
마르살라
아그리젠토
고대 그리스 로마 유적지

N

한 여자

그 얼굴을 보고 있노라면 누구도
다가갈 수 없는 차가운 신성함이 느껴진다.
그런가 하면 애써 감추려 해도 어디선가 스며 나오는
관능의 아름다움이 함께 뒤섞여
어지러운 혼란을 일으키기도 한다.

시칠리아의 얼굴, 메두사

신화, 역사, 자연이 어우러진 섬

파리에서 약 1시간 20분이면 비행기 유리창 아래로 하얀 눈이 덮인 알프스 산맥이 나타나고 곧 밀라노에 도착한다. 거기서 알이탈리아 392편으로 갈아타면 시칠리아 섬의 주도州都 팔레르모다. 오래된 신화와 숱한 역사의 흔적과 아름다운 자연을 지닌 이 섬은 푸른 바다와 하늘 그리고 빛나는 햇빛이 넘치는 지중해 한가운데 떠 있다. 그 바다에서 가장 커다란 섬인 시칠리아로 가는 비행기에 몸을 실은 것은 두 가지 까닭에서다.

첫째는 한 여자를 만나기 위해서, 둘째는 산 하나를 보기 위해서. 그 여자의 이름은 마돈나고 산 이름은 에트나Etna다. 마돈나는 성경의 '성모영보聖母領報' 장면에 등장하는 마돈나이며, 에트나는 지금도 불과 연기를 뿜어내고 있는 산이다. 안토넬로 다 메시나Antonello da Messina가 그린 「성모영보의 마돈나」는 인간이 만든 아름다운 그림이고 지구상에서 가장 활발한 활화산의 하나인 에트나는 자연이 만든 뜨거운 산이다. 이렇게 자연과 인간이 어우러져 이루어진 곳이 바로 시칠리아 섬이다.

이탈리아 반도의 북서 해안선을 따라 날던 비행기가 이제는 줄곧 지중해에 제 그림자를 띄우며 아프리카 대륙에서 140킬로미터밖에 떨어지지 않은 시칠리아로 점점 다가간다. 가보지는 않았더라도 누구나 그 이름을 한 번쯤은 들어보았을 시칠리아. 어떤 곳일까?

1787년에 이곳을 다녀갔던 괴테는 "시칠리아를 보지 않고서는 이탈리아를 보았다고 할 수 없다"라고 『이탈리아 여행기』에 감상을 적었다. 마리아 칼라스와의 공연을 비롯해 오페라 연출에서도 뛰어난 재능을 보여준 루치노 비스콘티 감독은 시칠리아를 무대로 「치타」라는 영화를 찍었다. 내 기억 속에 깊이 새겨진 이 영화는 이탈리아 통일운동을 이끌던 가리발디가 1860년에 시칠리아를 점령했던 격랑의 시대를 배경으로 스러져가는 한 왕족 집안을 통해 그 당시 사회구조의 변화를 그려낸다. 또한 희망을 찾아 신대륙에 새로운 뿌리를 내린 한 가족의 이야기를 담은 프랜시스 코폴라 감독의 「대부」 시리즈는 마피아의 고향인 시칠리아를 짙은 핏줄의 색깔로 보여준다. 노벨 문

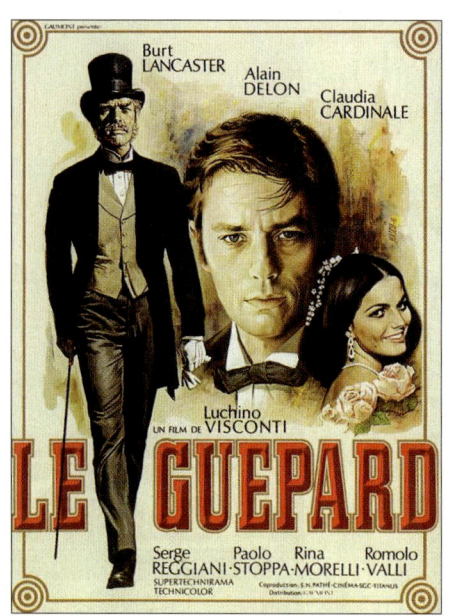

시칠리아를 무대로 비스콘티 감독이 만든
영화 「치타」의 포스터

시칠리아가 바다에서 모습을 드러내고, 비행기가 팔레르모로 천천히 내려가면서 맨 먼저 눈에 들어왔던 산 덩어리 하나. 오래 전에는 바다 속 대륙붕이었던 까닭에 평지뿐인 파리에서 온 나그네에겐 이처럼 우람한 돌산이 가슴을 설레게 한다. 자라면서 늘 대하던 어린 시절의 산이 문득 솟아오른 까닭일까? 시칠리아와의 만남이 예사롭지 않을 것을 알리는 전주곡처럼 다가오는 이름 모를 산 하나가 스러지는 서쪽 빛 속에 웅크리고 있다.

팔레르모 부두와 가까운 길 한편에 세워진 거대한 수레는 지나간 카니발의 흥분을 되새기게 한다. 더불어 시칠리아인들 가슴 깊숙이 박혀 있는 신앙에 대한 절대적 열광이 드러난다. 시칠리아의 각 지방과 도시에서는 고유의 축제문화가 오래전부터 그 맥을 잇고 있다. 팔레르모의 대표적 카니발은 로잘리 성녀의 축전. 이미 400년 가까운 세월 동안 팔레르모의 길거리를 누비며 그녀의 은총과 보호를 바라는 주민들로부터 각별한 사랑을 받아온 전통행사다. 카니발은 6일 동안 밤낮을 가리지 않고 거리에 쏟아져나오는 시칠리아인들 가슴 속의 화산폭발인 셈이다. 장미화환을 머리에 두른 로잘리 성녀가 수레 꼭대기에 세워졌다.

카니발의 전통처럼 시칠리아 각 도시마다 늘 인형극이 있다. 아이 어른 할 것 없이 아낌없이 사랑 받는 마리오네트 오페라는 매년 축제기간이 있을 만큼 시칠리아인들 가까이 숨쉬고 있다. 세계적으로 유명한 시칠리아 인형극의 전통은 16세기로 거슬러 올라가는데, 꼭두각시를 움직이는 줄 대신 쇠막대기로 다루는 예스런 방식이 아직 남아 있다. '인형극단'이란 제목을 단 사진 속의 아틀리에 실내에는 다양한 인형극을 위한 여러 종류의 인형들이 만들어지고 수선된다. 사람의 움직임과 다를 바 없이 정교하게 제작되는 이런 인형들은 높이 1.4미터에 이르는 것들도 있어 무대를 더욱 실감나게 꾸며준다.

학상을 받은 칠레의 시인 파블로 네루다는 망명생활 중 몇 년을 이탈리아에서 보낸 적이 있다. 그 사실을 바탕으로 한 영화 「일 포스티노」에서는 세상을 등진 위대한 시인에게 자전거로 편지를 전하는 소박한 우편배달부와 마르크스주의를 신봉하는 시인 사이에서 생겨나는 잔잔한 감동의 이야기가 펼쳐진다. 이 영화가 촬영된 곳이 바로 팔레르모 옆의 조그만 항구도시이다.

시칠리아의 또 다른 이름, 트리나크리아

문학과 영화와 예술로 널리 알려진 시칠리아를 옛날 그리스 사람들은 트리나크리아Trinakria라고 불렀다. 세 개의 다리를 뜻하는 이 말은 시칠리아의 지형이 삼각형 모양이라는 데서 유래한다. 장화 형상의 이탈리아 반도가 삼각형처럼 생긴 시칠리아의 돌부리에 걸려 휘청거리는 듯한 이탈리아 지도를 보면 쉽게 납득이 간다. 지금도 시칠리아를 돌아다니노라면 섬의 상징인 트리나크리아를 어디서든 자주 만날 수 있다. 시칠리아의 깃발에도, 가로등에 새겨진 부조에도, 그리고 기념품 가게의 도자기에도 머리 하나에 다리가 셋 달린 트리나크리아 무늬가 새겨져 있다. 머리에는 뱀들이 머리카락처럼 흩어져 꼬여 있고 조그만 날개도 달렸다. 그리스 신화를 통해 너무나 잘 알려진 메두사의 얼굴이다.

하필이면 무시무시한 메두사가 어찌하여 시칠리아의 상징이 되었을까? 시칠리아를 돌아다니면서 여러 사람에게 물어보았으나 시원하게 대답해주

팔레르모 가로등에 새겨진 트리나크리아의 청동 부조

팔레르모 거리에 세워진 가로등 밑동마다 트리나크리아 무늬가 있다. 그 가로등의 밑동마저 삼각형 모양이다. 메두사의 얼굴을 둘러싸고 뻗친 뱀들 때문에 빛을 뿜는 루이 14세의 태양 무늬 휘장이 떠오르기도 한다. 그 둘레로 세 개의 다리가 쳇바퀴 돌 듯이 원을 그리며 힘차게 달리고 있다. 달리는 메두사의 모습은 고대 그리스 때부터 많은 예술품에 나타난다. 세 개의 다리는 메두사 얼굴에 삼각형 모양의 시칠리아 섬을 한데 어울러놓은 꼴이다.

시칠리아 깃발에 그려진 트리나크리아

시칠리아의 지방마다 깃발의 모양새도 제각각인데 아그리젠토 지역의 깃발에 그려진 메두사는 친근한 느낌이다. 세 가랑이 사이로 밀알이 열린 세 가닥의 밀줄기가 뻗어 나오고 메두사의 머리카락은 보통의 뱀 대신 밀알이 여물어 달려 있다. 메두사의 머리에 세 개의 다리가 달려가듯 돌아가는 모습은 시칠리아 어느 지방이나 똑같지만 달리는 다리의 방향은 제각각이다. 위의 가로등 부조에서는 시계반대방향으로 달리고 있고 이 깃발에서는 시계방향으로 돌아가고 있다.

는 사람은 없고 한결같이 멋쩍게 웃기만 한다. 시칠리아라는 이름의 기원으로 거슬러 올라가면—정확히 알려지지 않았지만—'풍요로운 땅'이라는 뜻을 가졌던 듯하다. 화산재의 비옥한 땅을 가진 덕분에 시칠리아는 오래 전부터 곡식을 많이 생산했는데, 이 점이 그 유래를 밝혀주는 실마리다. 그런 까닭에 비록 섬이지만 그리스에서 로마 시대에 이르기까지 시칠리아는 중요한 위치를 차지할 수 있었던 것이다. 메두사는 세 자매 괴물인 고르곤의 한 명이지만 본디는 풍요로움을 상징했던 것으로 여겨진다. 아마도 거기서 물음의 답을 찾아야 할 것이다. 어떤 트리나크리아는 메두사의 머리에 아예 밀이 같이 그려져 있기도 하다.

혹은, 이런 까닭에서인지도 모른다. 지중해에 솟아오른 시칠리아 섬은 애초부터 바다와 밀접한 관계를 가질 수밖에 없었다. 그런데 메두사는 그리스 신화의 형성기에 나오는 바다의 신인 포르키스와 케토 사이에서 태어났다. 바다에 둘러싸여 삶을 일구어야 했던 시칠리아 섬사람들이 바다 신의 딸이자 액막이로 받아들여졌던 메두사의 얼굴을 섬의 상징으로 떠올린 것은 어쩌면 매우 자연스런 생각이었으리라. 걷잡을 수 없는 바람과 산더미 같은 파도를 다스리고자 했던 섬사람들의 소망을 짐작하게 되는 대목이다.

뿐만 아니라 메두사는 바다의 신 포세이돈과도 직접 관계를 맺었다. 메두사는 포세이돈과의 결합으로 날개 달린 말인 페가수스와 거인 크리사오르를 낳는다. 메두사는 누가 보아도 머리끝까지 소름이 끼치는 괴물이지만 본디는 탐스런 금발 머리를 지닌 아리따운 여자였다. 그 아름다움에 욕심이 난 포세이돈이 아테나 여신의 신전에서 그녀를 욕보이고 만 것이 불운

포르키스와 케토로 짐작되는 바다의 신들 튀니스 바르도 국립박물관 소장

상반신은 인간의 모습인데 하반신은 물고기다. 그리스 신화의 세이렌에서 파생된 인어를 떠올리게 한다. 오른쪽에서 두 번째 신이 포르키스로 여겨진다. 그는 대개 햇불을 들고 나오며 집게처럼 생긴 팔을 가졌다고 표현되었기 때문이다. 그렇다면 그의 꼬리 부분에 걸터앉은 바다의 여신은 포르키스의 누이이자 아내인 케토일 것이다. 이들은 고르곤을 비롯한 수많은 괴물들을 낳았는데 세이렌도 그들에게서 태어났다고 전한다. 등장인물들의 아래쪽 몸뚱이 부분에는 파도를 나타내는 짧은 지그재그 선들이 갖가지 색깔로 표현됐다. 흔히 완만한 곡선으로 파도를 표시하는 것과는 달라 재미나다. 이 작품은 로마 시대의 모자이크 양식을 잘 보여주는데, 시칠리아와 가까운 북아프리카의 튀니지에 가면 시간의 먼지가 켜켜이 쌓인 로마 문명의 유적지에서 그 옛날을 돌이켜보며 감회에 젖을 수 있는 곳이 아직도 많이 남아 있다.

한 운명의 불씨가 되고 말았다. 자신의 성스런 장소를 더럽힌 것에 화가 치밀어 오른 아테나는 메두사를 사정없이 괴물로 만들어버렸다. 빛나던 금발은 혀를 날름거리는 끔찍한 독사 떼로 변하고 말았다.

여기서 쉬이 이해되지 않는 부분이 있다. 왜 아테나는 오히려 억울한 피해자인 메두사를 벌했을까? 메두사라는 전설적 존재를 만들어내기 위한 설정이기도 하겠지만 신과 남성 중심으로 짜인 그리스 신화의 특성을 보여주는 일면이다. 뜻하지 않은 곳에서 뜻밖의 일이 일어나 상상을 뛰어넘는 놀라운 이야기들이 누에가 고치실을 뽑아내듯이 술술 풀려나가는 것이 그리스 신화의 기막힌 구성이 아니던가.

트리나크리아의 다리 세 개가 돌아가는 방향은 원래 힌두교의 상징이었다가 불교에 스며든 만卍 글자의 방향과 반대라고 한다. 오늘날에 이르러서는 원칙에 개의치 않는지 혹은 그런 것이 존재하는지도 모르는지, 다리 방향이 제각기 다르다. 또한 둥글게 돌아가는 다리의 표현은 태양의 순환을 상징하는 것이 아닐까 싶다. 시칠리아는 조화를 상징하는 '3'이라는 숫자와 이렇게 맞물려 있다. 삼각형 모양의 섬, 트리나크리아에 나오는 세 개의 다리, 메두사의 고르곤 세 자매로.

메두사, 그대의 이름으로

시칠리아에서는 이런 메두사의 자취를 곳곳에서 만나게 된다. 팔레르모의 시칠리아 지방 갤러리아에도 영웅 페르세우스가 메두사의 목

메두사의 목을 자르는 페르세우스 기원전 6세기경

고대 그리스 신전 건축은 모양이나 비율에서 일정한 규칙을 따른다. 신전을 앞쪽에서 바라보면, 주춧돌 위에 기둥들이 세워졌고 그 기둥머리들 위로 대들보처럼 길게 가로지르는 띠 모양의 프리즈가 얹혀 있다. 다시 그 위에 삼각 모양의 박공지붕을 올려놓은 것이 정면의 기본적인 뼈대다. 도리아 양식에서는 프리즈에 간격을 두고서 홈을 판 세 줄의 세로무늬를 새겨 넣었다. 이때 세로 무늬들 사이마다 생겨난 네모난 공간을 소간벽小間壁이라 하는데 거기에 으레 부조 조각이 들어간다. 메두사의 목을 베는 페르세우스 부조도 아프리카 대륙을 바라보는 시칠리아 남서부 바닷가에 자리한 셀리눈테 신전의 소간벽에 있던 것이다.

을 따는 장면이 새겨진 신전 벽 부조가 전시되어 있다.

　마주치면 안 될 메두사의 눈길을 피하느라 페르세우스는 애써 고개를 돌려 정면을 보고 있다. 괴물의 머리를 왼손으로 틀어잡고 오른손에 잡은 칼로 이미 그녀의 목을 깊숙이 벤 순간이다. 이때 영웅의 얼굴에는 긴장감 따위를 찾아볼 수 없을 뿐 아니라 여유로운 미소마저 흐른다. 무시무시한 상황과 걸맞지 않는 이런 표현은 메두사의 얼굴에서도 마찬가지로 나타난다. 고통과 분노에 사로잡혀 무서운 표정을 짓기는커녕 옆의 두 인물과 짝을 이루어 익살스럽다. 그래도 덩치 큰 괴물이 무릎을 꿇음으로써 영웅에게 굴복되었다는 것만큼은 분명하게 나타났다. 잘린 메두사의 목에서 솟아나오는 피와 함께 태어난 날개 달린 천마天馬 페가수스는 이미 메두사의 팔에 안겨 있다. 페르세

고르곤의 얼굴, 시라쿠사 고고학 박물관 소장

우스 옆에 서 있는 여자는 다름 아닌 메두사에게 저주를 내린 아테나 여신이다. 끔찍한 괴물과 맞서는 영웅을 도와주고 있다.

　또한, 시칠리아 동부 해안에 있는 시라쿠사의 고고학박물관에도 메두사와 고르곤을 새긴 테라코타가 여러 개 전시되어 있다. 기원전 6세기경에 만들어진 이 작품들은 시칠리아에 남겨진 그리스 문명의 유적들이다. 그 가운데 하나는 시라쿠사의 아테나 신전에서 유래한 것인데, 이래저래 메두사와 아테나의 인연은 끊을 수 없이 질긴가 보다. 그리스 조각의 초기에 속하

는 이 부조들은 한결같이 해학적이어서 어쩐지 그리스인들의 티 없는 마음씨를 보여주는 듯하다.

메두사를 죽인 페르세우스의 어머니는 눈부시게 아름다운 여인 다나에였다. 세리포스 섬의 폴리데크테스 왕은 자신의 땅으로 흘러 들어온 다나에에게 욕심을 품었다. 그는 다나에를 차지하려고 안달이 났다. 예쁜 여자라면 사족을 못 쓰는 제우스가 다나에의 아름다움을 일찌감치 증명해주지 않았던가. 다나에가 세리포스 섬으로 오기 전, 어떤 남자도 가까이 가지 못하도록 청동 탑의 꼭대기에 가둬놓은 다나에를 용케도 찾아낸 제우스가 기어코 이 여인 위로 '황금 비'를 가득 쏟아 부어 그녀가 영웅 페르세우스를 잉태하게 했다. 그런데 잠깐, 누가 다나에를 높은 탑 속에 가두었던 걸까? 바로 그녀의 아버지였다. 자신의 딸이 낳는 아들이 언젠가는 자기를 죽이게 된다는 신탁神託을 어떻게든 벗어나보려는 발버둥이었다. 그러나 어찌 신의 뜻을 인간이 바꿀 수 있겠는가?

제우스의 씨를 받아 아들을 갖게 된 다나에는 아버지의 분노를 사게 되었고 끝내 상자에 실려 세리포스 섬으로 떠내려갔다. 세리포스 섬을 다스리던 폴리데크테스는 다나에의 아름다움에 눈이 멀어버린 나머지 걸림돌이 되는 그녀의 아들을 없애버리고 싶었다. 그래서 메두사의 목을 베어오라는, 아무도 해낼 수 없으리라 믿었던 일을 시킨 것이다. 하지만 이 탐욕스런 왕은 도리어 이 그리스의 영웅 페르세우스에 의해 끝장나고 마는 것이 미리 정해진 신화의 흐름이다. 페르세우스가 자루 속에 담아온 메두사의 머리를 꺼내 들자 왕과 그 신하들이 어김없이 돌로 변하고 만 것이다.

베첼리오 티치아노, 「다나에」 캔버스에 유채, 129×180cm, 마드리드 프라도 미술관 소장

베네치아의 화가 티치아노는 초상화와 신화를 주제로 한 그림들을 많이 그렸다. 그중 다나에에 관한 여러 작품을 나폴리, 빈, 마드리드, 상트페테르부르크 등의 미술관에서 볼 수 있다. 1544년에서 1554년 사이에 그려진 다나에 그림들은 조금씩 그 내용이 다르지만, 다나에가 매우 육감적인 자세로 침대에 누워 있는 모습은 크게 변함이 없다. 이 그림에서는 늙은 시종이 앞치마로 황금 비를 열심히 담고 있다. 황금 비구름으로 변신하여 찾아온 제우스를 물끄러미 올려다보는 다나에의 눈길이 표현하기 힘들 정도로 감각적이고 매혹적이다. 티치아노는 늙고 추한 시종을 다나에 옆에 그려 넣어 젊고 아름다운 그녀를 한층 치켜세워주었다.

그 후 페르세우스는 이토록 무섭고 엄청난 힘을 지닌 메두사의 머리를 어떻게 했을까?

영웅의 품성을 지닌 페르세우스는 자신을 도와주었던 아테나 여신에게 메두사의 머리를 바쳤다. 전쟁의 여신이기도 한 그녀는 이를 자랑스럽게 자신의 방패에 달아 모든 상대를 꼼짝 못하게 만들었다. 아테나 여신을 기리는 아테네의 파르테논 신전에 모셔진 그녀의 조각상에서도 메두사의 흔적을 찾을 수 있다.

이 여신상이 지금은 전해지지 않아 볼 수 없지만 겉이 온통 황금과 상아로 덮어씌워진 거대하고 화려한 나무 조각이었다. 직접 보지 않아도 그 눈부심이 얼마나 대단했을지 짐작된다. 화려함뿐 아니라 규모도 대단해서 높이가 12미터에 이르고 무게가 1톤이 넘었다고 한다. 그녀를 마음 깊이 우러러 받들던 아테네 시민들의 간절한 바람을 기막힌 솜씨로 만들어놓은 것이다. 일찍이 본 적이 없을 만큼 웅장하고 거룩한 모습으로 세워진 이 아테나 여신 앞에 선 아테네 시민들의 가슴은 어떤 감정으로 복받쳐 올랐을까?

그리스 문명을 상징하는 것 가운데 하나인 파르테논 신전은 사실 아테나 여신의 조각상을 모시기 위한 공간이었다. 이토록 중요한 조각 작품을 만든 이는 페이디아스Pheidias였다. 그는 기원전 5세기를 대표하는 그리스 고전주의의 천재이자 고대 조각 분야에서 최고의 찬사를 받은 예술가였다. 비록 신의 손으로 빚은 듯한 이 조각상은 사라졌지만 그것을 본뜬 로마 시대의 대리석 조각들을 통해 그 눈부셨던 영광을 상상으로나마 가늠해볼 수 있다. 아테나 여신은 오른손에 승리의 여신인 니케를 들었고 왼손으로는 창과 방패를 잡았다. 앞가슴을 가리는 덮개에는 뱀들이 서로 꼬인 채 꿈틀거리는 메두사의 얼굴이 박혀 있었다.

페이디아스는 괴물의 얼굴을 되레 깔끔한 생김새로 다듬었지만 그 어느 작품보다도 섬뜩한 메두사의 얼굴이 척추신경을 따라 전율을 흐르게 한다. 뱀처럼 구불거리는 곱슬머리가 이마를 좁게 가렸고 머리꼭지에는 강아지 귀처럼 생긴 두 개의 날개가 달렸다. 턱 밑에서 한번 감겨진 두 마리 뱀의 몸뚱어리는 얼굴 윤곽을 감싸고 올라가 머리꼭대기에서 다시 한 번 대가리를 서로 꼬아서 마주본다. 지금은 부서지기 쉬운 뱀의 머리와 꼬리 부분은 떨어져나가고 그 나머지 몸통만 남았다. 콧등 양쪽으로 돋우어진 두툼한 살점에는 잔혹함이 감춰져 있고 작지만 다물어진 입엔 소름끼치는 매서움이 머금어져 있다. 부라린 두 눈은 눈동자 조차 없어 더욱 끔찍한데 얼음장처럼 차가운 하얀 피부는 쳐다보는 모든 생명을 돌로 굳어버리게 만들고도 남을 듯하다. 그런데 기막힌 우연처럼, 메두사의 얼굴이 들어간 아테나의 방패가 아무도 흉내 내지 못할 신의 재주를 지닌 페이디아스를 죽음으로 몰아넣는 치명적인 무기가 되고 말았다.

기원전 490년경에 아테네에서 태어난 페이디아스는 「원반 던지는 사람」으로 유명한 미론과 같은 시대 사람이다. 이들은 살아 움직이는 듯한 생동감과 인

「메두사의 얼굴」 로마 시대 복제품, 뮌헨 그리스조각박물관 소장

페이디아스, 「아테나 여신상」 높이 12m, 아테네 파르테논 신전의 내진, 합성 사진

에게 해로 향한 항구도시인 아테네에 도착하면 멀리서부터 도심 한가운데에 솟은 언덕이 보인다. 우연히도 배 모양을 닮은 유선형의 이 신성한 언덕이 아크로폴리스다. 벅찬 감동으로 그리스 영혼의 심장부로 올라가 성지에 들어서면 먼저 그 눈부심에 놀라게 된다. 태양의 나라인 그리스의 땅 위로 쏟아지는 햇빛과 그 햇살을 반사하는 땅 위의 모든 것들이 되쏘아 내는 빛들로 아크로폴리스가 빛나기 때문이다.

그 다음 나뒹구는 하얀 대리석 돌무덤의 폐허에 다시 놀란다. 아크로폴리스는 30년째 보수공사가 끊이지 않고 진행 중이다. 아직 상처가 지워지지 않았고 앞으로도 아물 수 없는 까닭이다. 17세기에는 폭발물이 터져 파르테논이 온통 무너져 내렸고 열강 식민지 시대에는 깨끗이 약탈당했다. 헐벗어 나뒹구는 그 나머지 흔적이 1980년대에 내가 보았던 파르테논 신전의 모습이었다. 그럼에도 그 빛의 언덕에서 받았던 감동이 아직까지도 생생한 까닭은 오랜 시간의 침식 끝에도 사라지지 않는 그리스 문명의 보이지 않는 힘이 너무 대단해서가 아닐까.

지금의 파르테논 신전은 돌무덤과 다를 바 없어 보이지만, 예전에는 위용이 넘치는 모습으로 아테나 여신상을 모시고 있었다. 애초에 46개의 도리아식 기둥들이 바깥을 에워쌌고 그 안에 직사각형의 내진이 자리 잡고 있었다. 내진은 돌 벽을 쌓아 올려 닫힌 공간을 이루었다. 그

속은 다시 두 개의 방으로 나뉘었고 정면 쪽으로 난 공간에 아테나 여신을 모셨다. 뒤쪽에는 그 방 반 정도 크기의 공간이 완전히 분리되어 있었다. 입구마저 반대쪽으로 나 있는데 신전의 보물을 보관하던 곳이다. 다시 24개의 2층 돌기둥들이 3면으로 돌아가며 아테나 조각상이 놓였던 방 둘레를 에워쌌다. 현재 남은 것이라고는 바깥 기둥들과 그 위에 얹힌 수평 프리즈와 무너진 내진의 일부 벽이 전부다.

도판은 서쪽 정면에서 바라본 파르테논 신전 내진의 모습과 복원된 아테나 조각상의 합성사진이다. 직사각형 감실은 입구가 난 서쪽을 뺀 나머지 삼면이 도리아 양식의 2층 회랑으로 둘러싸였고 그 한가운데에 높이 12미터의 여신상이 자리하였다. 아테나의 살 부분은 상아로, 나머지는 금으로 마무리된 페이디아스의 작품이 받침대 위에 모셔졌는데 그 위엄이 압도적이었다고 한다.

「아테나 여신상」의 방패(복원품), 토론토 온타리오 왕립미술관 소장

파르테논 신전의 「아테나 여신상」 방패에 새겨졌으리라 짐작되는 조각을 본뜬 작품이다. 제우스의 머리에서 태어났을 만큼 독자적인 성격을 가진 아테나는 언제나 투구와 창과 방패 등의 무기나 승리의 여신 니케와 함께 나온다. 아테나 조각상의 공통분모처럼 파르테논 신전에 있었던 그녀의 조각상에도 어김없이 방패가 그녀의 왼쪽에 놓여 있었다. 방패 한가운데 메두사의 얼굴이 있다. 그 둘레에 그리스인들이 신화에 나오는 아마존의 여자 부족과 싸우는 장면이 부조로 새겨졌다.

여기서 말하는 아마존은 당연히 남미의 아마존 강 지역이 아니라 흑해를 끼고 있는 지금의 터키 지방을 가리키는 것으로, 그리스인들에게는 아주 먼 변두리 땅이었다.

체와 사물을 분석 관찰하여 사실적 표현을 이끌어낸 자연주의 경향, 더불어 신과 영웅의 세계를 장엄하게 다루는 이상적 묘사를 특징으로 하는 그리스 고전주의를 빛내던 예술가들이다.

아름다운 꽃 한 송이를 피우려면 알맞은 햇빛과 흙과 물이 필요하듯이, 이 시기의 뛰어난 문명을 꽃피울 수 있는 정치적·사회적 배경도 때마침 갖추어져 있었다. 그런 환경을 가능하게 만든 대표적 인물로 페리클레스를 꼽는다. 그는 아테네 민주정치를 뿌리내리게 했던 날렵한 정치가면서 한편으로는 군사·경제·문화를 일으켜 세워 아테네를 그리스의 중심으로 만드는 발판을 다졌던 강력한 지도자였다. 그가 이룬 문화 업적의 하나가 페르시아 전쟁으로 폐허가 됐던 아크로폴리스를 다시 일으켜 세운 일이다.

워낙 출중한 재능을 보인 페이디아스는 여기에 필요한 조각들을 주문받았다. 뿐만 아니라 아크로폴리스의 모든 건축과 조각의 총감독을 맡았다 한다. 그로 말미암아 페이디아스는 페리클레스와 사이가 매우 가까워졌고, 이로써 페이디아스는 명성과 재산, 더불어 권력의 중심부에까지 들어갈 수 있었던 것이다. 빛이 있으면 늘 그림자가 생기듯이, 그의 성공 뒤편에서 이를 시샘하는 무리가 생겨났다. 더욱이 정치가 페리클레스와 절친한 사이였던 까닭에 정치적 음모에서도 자유로울 수 없는 몸이 되고 말았다.

여러 도시국가들이 생존을 걸고 맞대어 싸우던 고대 그리스 시대에는 정치적으로 외줄을 타는 아슬아슬한 곡예와 피를 말리는 암투가 끊이지 않았다. 그런 소용돌이 속에서 자신이 이루고자 하는 뜻을 들이밀던 페리클레스도 한 무더기가 넘는 정적政敵들을 늘 곁에 달고 있었다. 정치가를 도와 그의 업적을 빛내는 데 큰 몫을 하던 페이디아스가 한번은 애꿎은 이유로 고발당한 적이 있었다. 작품에 들어가야 할 금을 그가 몰래 빼돌렸다는 게 억울한 죄명이었다. 게다가 보이지 않는 배후의 부추김을 받아서인지 페이디아스를 돕던 동료 조각가가 직접 공격에 뛰어들었다. 수많은 적들이 자신을 사방에서 노리고 있다는 것을 잘 알던 페이디아스는 이를 미리 짐작하기라도 한 듯이 애초부터 금붙이를 조각에서 쉽게 떼어낼 수 있도록 만들었다. 다시 모아서 금 무게를 달아보니 페이디아스의 결백이 쉽게 입증되었다.

하지만 지칠 줄 모르고 죄어오는 적들의 모함을 끝내 피할 수는 없었다. 정적들은 이번에는 신성모독이라는 무거운 죄를 걸고 넘어졌다. 신성한 파르테논 신전에 모셔진 아테나 여신이 잡고 있는 방패에 주제넘게 예술가 자신과 친구 페리클레스의 모습을 새겨 넣었다는 억지였다. 어쩔 수 없이 감옥에 갇히게 된 페이디아스는 어이없게도 거기서 비극 같은 종말을 맞았다.

여기서 한 가지 알쏭달쏭한 것은 그가 아테나 여신을 만든 뒤에 고대 조각의 최고 걸작이자 세계 7대 불가사의의 하나라고 할 올림피아의 제우스 조각상을 만들었다는 점이다. 그런 까닭에 파르테논의 「아테나 여신상」과 올림피아의 「제우스 상」이 만들어진 시기를 두고 후세에 말들이 많았다. 하지만 「제우스 상」이 「아테나 여신상」보다 나중에 만들어진 것은 분명하다. 전하는 말대로 「아테나 여신상」의 시비에 말려들어 페이디아스가 감옥에서 바로 죽었다면 제우스의 조각상은 한을 품은 그의 유령이 만들었다는 이야기가 된다.

올림피아에 세워진 제우스 신전과 「제우스 상」의 복원도

올림피아의 제우스 조각상은 파르테논의 아테나와 비슷한 데가 많다. 이 조각상도 높이가 12미터에 이른다. 먼저 나무로 바탕을 만든 다음에 금, 상아, 흑단, 그리고 갖은 보석으로 장식했다. 오른손에 승리의 여신인 니케를 들고 있는 것도 똑같은데 대신 왼손으로는 독수리가 장식된 왕홀을 잡았다.

페이디아스가 기원전 430년에 완성한 이 신상은 보는 이들이 감탄을 억누르지 못할 정도로 웅장했다고 한다. 뿐만 아니라, 신전에 들어서면 마치 신의 나라에서 제우스와 마주선 듯한 착각이 들 정도였다. 그러나 기원 5세기에 이르러 신전은 파괴되고 조각상도 그 즈음에 함께 사라졌다. 금과 상아 등으로 표면을 입혔지만 기본이 나무이기에 불에 타면 나무와 상아는 재로 변하고 금은 녹아버려 그 아름다운 자취가 온데간데없이 꺼져버리고 만 것이다.

1950년대 중반에, 올림피아 신전의 폐허에서 기적처럼 페이디아스 작업장이 발굴되었다. 이로써 두 작품이 만들어진 앞뒤 순서를 분명하게 가릴 수 있게 되었다. 제우스 조각상을 만들기 위한 작업장의 수많은 자취들을 땅속에서 고스란히 찾아낸 것이다. 조각의 원형이 되는 진흙 거푸집과 더불어 나온 그릇들로 거대한 조각상을 만들던 작업실이 세워진 시기를 정확히 알아낼 수 있었다.

「제우스 상」은 기원전 438년에 완성된 「아테나 여신상」보다 약 8년 뒤에 만들어진 것으로 밝혀졌다. 따라서 페이디아스가 「아테나 여신상」을 만들고 바로 감옥에서 죽은 게 아니라는 말이다. 자신의 모습을 나타내 보이길 바랐던 제우스가 말로써는 이루 형용할 수 없을 만큼 눈부신 그의 조각품이 만들어질 때까지 페이디아스의 목숨을 살려둔 걸까? 그 누구도 앞지를 수 없는 페이디아스의 솜씨가 「제우스 상」이 완성될 때까지 자신의 목숨을 지켜준 걸까? 반대 세력이 불같이 닦달해도 제우스 신전을 만들어야 하는 어쩔 수 없는 상황에 따라 예술가에게 시한부의 목숨이 허락되었으리라 여겨진다. 인간의 능력을 넘어선 「제우스 상」은 기원전 430년에 그 찬란함을 드러냈고 바로 그해에 죽음을 맞은 페이디아스는 신의 경지에 들어선 위대함을 억울하게도 접어버려야만 했다.

그리고 2,000년이란 시간이 흐른 뒤, 메두사의 머리 위에 엉켜 있던 독사들이 다시 꿈틀거리기 시작했다. 서양 문화에서 메두사의 이야기가 그친 적은 없지만 또 한 번의 획기적인 인상을 심어준 작품이 카라바조Caravaggio의 손에서 되살아났다. 16세기가 마감될 시점에 그려진 이 작품은 강한 대조를 통한 극적인 표현으로 가득한 그의 작품세계를 잘 보여준다. 영원히 굳어버린 듯한 찰나를 날카롭게 포착했고 밝고 어두움의 뚜렷한 견줌을 통해 얻어지는 팽팽한 긴장감이 가득하다.

죽음처럼 깊어 보이는 입 속에서 튀어나오는 외마디 비명을 영원히 멈춰버린 이 장면은 메두사의 목이 막 잘려진 순간이다. 거기서 붉은 피가 폭포처럼 뿜어 나온다. 빠져나와 구를 듯한 눈동자에 어린 어리둥절함은 아직도 자신에게 무슨 일이 벌어졌는지를 실감하지 못한 채 동강나 떨어진 자신의 몸뚱어리를 내려다보는 듯하다. 그 갑작스러움에 놀란 뱀들도 똬리틀었던 몸을 풀면서 뿔뿔이 대가리를 곧추세우고는 갈피를 못 잡는다. 여기서는 신화에 나오는 무섭기 짝이 없는 괴물로서의 메두사가 아니라 영웅의 칼에 두 동강 난 희생양의 모습이다. 그대로 화석이 된 듯 멈춰진 메두사의 이 마지막 순간은 마치 살아 있는 듯 생생한 모습으로 둥근 방패에 박혀 있다.

본래 이 그림은 포플러 나무판으로 만든 볼록한 방패를 장식하기 위해 그려졌다. 싸움터에서 쓰려는 물건이 아니라 의식을 치르기 위한 장식의 목적으로 그려진 것으로, 델 몬테 추기경이 피렌체 메디치 가문의 페르디난도

카라바조, 「메두사의 얼굴」 나무에 덧씌운 캔버스에 유채, 60×55cm, 1598~99, 피렌체 우피치미술관 소장

1세에게 선물하려고 카라바조에게 주문한 것이었다. 굳이 메두사의 얼굴을 그려 넣게 한 것은 피렌체 공국의 힘을 키우는 과정에서 숱한 어려움과 많은 적들을 물리친 페르디난도 1세의 공적을 치켜세우려는 은근한 알랑거림에서 비롯되었다.

하지만 카라바조가 어떤 인물인가? 서양 예술이 정점에 오른 15,16세기 르네상스 예술을 접고 바로크라는 이름으로 새로운 예술 세계를 열었던 예술가가 아닌가. 그의 그림에 나타나는 강렬한 명암의 대비만큼이나 격렬한 감정과 반항적인 기질을 가진 인물이었다. 주문가의 바람 따위는 아랑곳 않는 골치 아픈 예술가이기도 했지만…….

이 그림에서도 통치자에게 알랑대려는 추기경의 욕심을 눈곱만큼도 채워주지 않았다. 보는 이들의 등골을 서늘하게 만드는 제압적인 메두사의 모습을 방패에 달아주기는커녕 벼락처럼 닥친 재앙에 어쩔 줄 모르는 희생자의 심리적 묘사를 짓궂을 만큼 적나라하게 새겼다. 괴물이기는 하지만 여자였던 메두사를 남자 같은 모습으로 나타낸 것도 색다른 생각이었다.

이렇게 비딱한 행동은 걷잡을 수 없었지만 그의 놀라운 재능은 보는 이의 숨을 멎게 할 만하다. 실제로는 볼록한 방패 표면을 기막힌 그림자의 표현으로 움푹 들어가게 만들어놓고 그 속에 잘린 메두사의 머리를 집어넣었다. 게다가, 동강 난 머리가 허공에 따로 떨어져 멈춰진 아주 짧은 순간의 생생함이 그대로 살아 있다. 순간은 영원이라고 했던가? 극적인 한 순간의 장면이 변치 않는 생동감으로 남은 작품이다.

● 곁가지

그리스 피토스에서 찾은
메두사와 페르세우스

메두사는 아름답고 행복했던 한 존재가 뜻밖의 운명에 휩쓸려 파멸에 이르게 되는 비극을 보여주는 인물이다. 그리고 거기서 생긴 증오 때문에 죽음을 부르는 존재로 바뀌고 마는 신화의 연쇄 고리를 증명해 보인다.

한편, 영웅은 언제나 자신의 능력을 증명해야 할 어려운 고비를 거치는데 페르세우스에게 주어진 과제가 메두사였다. 시련을 헤치고 새로운 도전을 치러내 나중에 펠로폰네소스 반도의 미케네 도시를 이룩한 창시자가 된 영웅 페르세우스에게 목이 잘린 메두사는 알맞은 희생양이었던 셈이다.

이런 상관관계로 얽힌 신화를 표현한 예술품은 루브르박물관의 고대 그리스 전시관에서도 만날 수 있다. 기원전 7세기경에 만들어진 항아리에 새겨진 부조에 이 두 인물이 나란히 등장한다. 고대 그리스의 도자기 무늬는 시기별로 변천하는데, 오른쪽의 작품은 인간이 만들어낸 이야기를 주제로 다루기 시작한 최초의 것들 중 하나이다. 앞에서 본 메두사 테라코타보다

그리스 피토스 기원전 7세기

보이오티아 지방의 테베에서 만들어진 토기다. 동물과 기하학무늬가 나타나는 그리스의 동방화기東方化期와 신화의 내용이 처음으로 등장하는 아르카이크기 사이의 작품이다. 기원전 1500년으로 거슬러 올라가는 기하학무늬 토기의 뒤를 이어 나타나는 동방화기 토기들은 지중해를 끼고 있는 중동지방으로부터 영향을 받았다. 지금의 레바논, 시리아, 팔레스타인, 그리고 이스라엘 지역인 중동지방은 메소포타미아와 터키와 이집트 문화와는 다르면서도 동질성을 지닌 문화권이다. 그러기에 이 도자기에도 그리스 신화와 동물을 다룬 장면과 함께 중동지방의 기하학 꽃무늬 장식이 곳곳에 새겨졌다.

그리스 신화가 그려진 맨 윗부분이 메두사와 페르세우스의 이야기이다. 영웅의 머리에는 납작한 냄비 모양의 챙 달린 모자가 씌워졌다. 윗몸에는 넓적한 칼집과 물통처럼 생긴 자루가 달렸다. 발에는 간단하게 묘사된 신발이 신겨졌고 발목에는 날개를 상징하는 곡선이 양쪽으로 삐쭉 나와 있다. 이것들은 고르곤 자매를 지켜주는 또 다른 괴물 자매인 그라이아로부터 빼앗은 물건들이다. 머리에 쓴 투구는 죽음의 세계를 다스리는 신 하데스에게서 얻었는데, 투명인간처럼 몸뚱이를 감쪽같이 감출 수 있는 무기다. 괴물의 목을 순식간에 따버릴 수 있는 날카로운 칼과 베어낸 메두사의 머리를 담아갈 자루와 빠르게 날아서 달아날 수 있는 신발은 페르세우스가 어려운 숙제를 해낼 수 있게 도와준 중요한 연장들이다.

하지만 어설픈 표현력은 숨길 수 없다. 가장 두드러지는 곳은 기다란 칼을 쥐고 있는 손으로 전혀 힘이 들어가 있지 않다. 손가락의 표현이 칼자루를 움켜잡는 모양새가 아니어서 힘주어 목을 베고 있는지, 칼날을 슬쩍 목에 갖다 대고 있는지조차 모를 정도다. 그럼에도 3,000년에 가까운 시간을 훌쩍 거슬러갈 수 있게 해주는 신비의 주술이 듬뿍 담겨 있다.

도 더 오래 전에 만들어진 것이다.

　한반도에서 토기는 신석기 시대부터 만들어졌는데 그때는 빗살무늬 같은 기하학적 무늬를 새겨 멋을 냈다. 청동기 시대로 들어가면서 이 편리한 그릇이 널리 쓰이게 되자 도자기를 훨씬 많이 만들어내야 했다. 그래서 보다 간편하고 실용적인 민무늬토기가 일반화되었다. 그리스의 도자기도 처음에는 기하학적 무늬로부터 시작된다. 그 다음에는 동물들의 모습을 사실대로 표현한 도자기가 나타나고 마침내 인간 사회에서 만들어진 신화나 영웅담 같은 이야기를 표면에 새겨 넣은 도자기가 등장했다.

　포도주, 올리브기름, 곡식, 씨앗 등을 보관하거나 운반하기 위해 만든 이런 거대한 항아리를 피토스 pithos 라고 부른다. 또는, 나무가 귀한 곳에서는 이것을 관으로 사용하였다. 높이가 사람 키만 하다. 볼록한 몸통이 아래로 내려갈수록 가늘어져 밑동에 이르러서는 뾰족하게 마무리되어 하트 모양으로 보인다. 위쪽으로는 목이 굵은 주둥이가 올라와 있다. 어떤 항아리에는 밑동 부분에 조그만 구멍이 나 있어서 마개로 여닫을 수 있는 것도 있다. 큰 덩치의 토기 안에 들어 있는 액체 내용물을 쉽게 빼낼 수 있도록 한 것이다. 항아리들은 창고나 복도에 가지런히 세워졌는데 밑동이 뾰족한 모양이라 벽에 기대 세우거나 놓을 자리에 구멍을 파 그 속에 꽂아두었다.

메두사 신화를 아직 서투른 솜씨로 새겨 넣은 약 2,700년 전의 그리스 피토스를 자세히 살펴보면 귀처럼 생긴 손잡이 뒤쪽에는 밋밋하게 아무 무늬가 없다. 한쪽 벽에 세워두려고 만들었다는 사실을 말해준다. 이 도자기 표면에는 서로 다른 부조 양식이 위아래로 나뉘어 나타난다. 동물과 기하 무늬와, 신화를 주제로 한 표현이 나란히 등장한 것이다. 이로써 초기 단계 도자기의 특징인 기하학적 무늬들이 차츰 인간의 이야기들을 담은 아름다운 그리스 도자기의 세계로 그 자리를 내어주는 과정을 목격하게 된다.

그 뒤 기원전 7세기부터 밝은 바탕에 검은색으로 인물과 무늬를 그려 넣은 도자기 그림이 나타나는데, 무늬보다 이야기 중심의 그림이 도자기 겉면을 가득 메운다. 시간이 흘러 기원전 6세기가 끝나갈 즈음에는 반대로 검은 바탕에 붉은색으로 형태를 그렸다. 어두운 배경 위에 사람의 피부색깔에 가까운 붉은 빛깔로 그려진 도자기 그림들은 좀 더 사실적이고 자연스럽게 표현되었다. 조각에 견주어 지금까지 전해 내려오는 것이 거의 남아 있지 않은 그리스 회화를 볼 수 있는 것이 바로 이런 도자기 그림에서이다. 그러기에 그리스 도자기는 그 형태나 기술보다는 그 위에 그려진 그림들이 더 소중한 값어치를 지닌다.

도자기 그림은 프레스코화처럼 한번 그어진 선과 색을 지울 수 없는 특성 때문에 솔직함과 생동감과 단순함이 그대로 살아 있다. 그래서 볼수록 매력적이다. 더욱이 그리스 문명을 가슴에 담고 이 뛰어난 도자기 그림들을 감상하면 그리스 문화의 영혼에 깊이 빠지지 않을 수 없다. 다시 가보지 못하는 그리스의 옛 문명을 낱낱이 보여주는 까닭에 마치 오래된 그때의 사진을 보는 듯한 느낌에 빠지게 된다.

메두사와 페르세우스의 이야기가 담긴 피토스 항아리 맨 아랫부분 띠에는 수사슴들이 줄지어 나온다. 모두 똑같이 왼쪽 방향으로 기다란 목을 뽑아 한가롭게 풀을 뜯어먹는다. 가운데 띠에는 암사슴들이 우아한 모습으로 수사슴들과는 반대 방향으로 꼬리를 물고 걷는다. 맨 위쪽 띠에는 그리스 신화의 한 장면이 획기적으로 동물무늬와 한자리에 같이 나온다.

아직 표현 기술이 잘 다듬어지지 못한 시기의 작품이어서 보고 있자면 웃음이 절로 나온다. 종이나 벽에 그려놓은 어린아이의 낙서와 꼭 닮은 듯하다. 그러나 표현 기교는 없다 해도 재미난 이야기를 듣고 난 뒤에 생각의 알맹이를 그대로 나타내고자 하는 아동 심리를 2,700년 전의 물건에서 그대로 만나는 셈이다. 마치 인간의 바탕에 깔린 순수함을 보는 것 같다.

끔찍한 생김새의 마스크를 쓴 듯한 메두사는 꼿꼿하게 정면을 바라보고 있다. 몸통이 신체 비율에 맞지 않을 뿐 아니라 두 팔은 손가락 끝까지 뻣뻣하게 내려져 있어서 어린아이가 그렸다 해도 믿을 정도다. 그리스 신화에 등장하는 반수반인처럼 메두사에 난데없이 뒷다리 달린 짐승의 몸통이 달린 것도 어린아이의 끝도 없는 상상력을 보여주는 듯하다. 살아 있는 생명조차 돌로 만들어 버리는 메두사의 무서운 눈매와 페르세우스의 눈을 똑같은 모양으로 나타낸 것도 그렇고, 영웅의 고개를 장난감 인형처

그리스 피토스의 부분

럼 180도로 완전히 돌려 놓은 것도 걸러내지 않고 표현할 수 있는 동심의 세계 그대로다.

　미케네의 영웅은 치러내야 할 고비를 넘기기 위해 어떻게든 메두사의 눈빛을 피해야만 했다. 그러기 위해 그가 아테나로부터 받은 방패를 거울삼아 매끄러운 청동 표면에 비쳐진 괴물을 향해 다가가는 장면은 수긍이 간다. 이처럼 메두사 앞에서 고개만 획 돌려 무서운 괴물의 머리를 베는 모습은 너무나 어처구니없어 보인다. 하지만 아직 다듬어지지 않은 초기의 때묻지 않은 예술을 만날 수 있기에 도리어 반가운 마음이 앞선다.

마피아의 피가 흐르는 곳 The Godfather

핏속을 흐르는 진한 것

바다에서 갑자기 파도에 부딪히는 뭍이 보이면서 비행기가 낮게 선회하기 시작한다. 시칠리아 특별자치구역의 중심 도시인 팔레르모는 남국의 분위기를 풍기는 키 큰 야자수와 바다 냄새를 머금은 둥근 해송과 함께 지중해 바닷가에 자리한다. 도심으로 들어가는 고속도로에서부터 이미 심상치 않더니 시내는 온통 교통지옥이다. 시칠리아에 있는 동안에 끊임없이 떠오르는 질문 하나가 '섬에 어찌 이리도 많은 차들이 있을까'였다. 베네치아에서는 볼 수 없던 마차들도 이곳에서는 흘러간 시간을 되새기듯 옛 모습을 지닌 채 곳곳에 남아 있다. 베네치아 같은 조그만 섬이 아니라 이탈리아에서 가장 넓은 땅덩어리를 가진 지방이란 사실을 실감케 한다.

끊임없이 밀려다니는 자동차보다 더 무서운 것은 차와 모터사이클을 모

난폭한 운전을 하는 이탈리아 사람들의 습성에 대해 익히 들어 알고 있었지만, 특히나 마피아의 도시인 팔레르모에서 이방인은 더욱 긴장한다. 역사가 오래된 이탈리아의 도시에서는 어디를 가나 스쿠터를 많이 보게 된다. 좁은 골목길을 누비고 다니기에 안성맞춤이라 이탈리아를 떠올리게 하는 교통수단이다. 부두에 가까운 팔레르모 구시가지에 들어서면 차를 주차할 자리도 마땅치 않다. 인도와 차도의 구분조차 희미해진다. 되는 대로 주차된 자동차가 얌전하다 생각될 만큼 길 한가운데 떡하니 세워둔 스쿠터 주인은 편안히 볼일을 보러 간 모양이다. 치우지 않은 개똥을 밟고 갔는지 신발자국이 선명하게 새겨져 있는 장면에 이방인의 긴장감이 슬쩍 느슨해진다.

는 시칠리아 사람들이다. 나폴리를 비롯하여 남부 이탈리아 사람들의 난폭 운전 성향을 익히 알고 있었지만 정말 혀를 내두를 정도다. 미친 듯이 달리고 들이밀고 끼어들고 빵빵거리고 욕을 해대고……. 아무리 팔레르모라 해도 평범한 여행자이기에 마피아를 두려워할 까닭이 없지만 운전대를 잡은 동안은 순간순간이 공포다. 이 긴장은 시칠리아 섬을 떠날 때까지 어디서나 마찬가지로 계속되었다. 길은 주로 일방통행인데다 도로안내 표지판도 거의 찾아볼 수 없다. 난폭 운전의 홍수 속에서 미로 같은 길을 돌고 돌아 어떻게 목적지까지 도착했는지조차 모를 지경이다. 성질이 급하고 다혈질인 시칠리아 사람들의 특성을 그대로 보여주는 일상이다.

그런 시칠리아 섬사람들의 핏속에 흐르는 것이 바로 마피아 정신이다. 시칠리아 하면 '마피아'라는 단어가 동시에 떠오를 만큼 이 폭력배 무리는 사실 시칠리아보다 더 유명하다. 애초에 마피아는 시칠리아 사람들의 정신 속에 자리 잡은 바탕의식이었다. 이는 태어나면서부터 이어받는 내림이다. 한민족이 대를 이어 물려받았다는 한恨의 감수성과 비슷한 맥락이랄까.

그들은 무슨 일이 있어도 자신의 자존심을 지켜야 한다. 가족에게 수치를 가져다 준 경우에는 꼭 복수를 해야 한다. 비록 친구가 잘못을 저질렀더라도 그와 함께 상대에 맞서 싸워야 하고 의리와 비밀을 절대적으로 지키는 것이 바로 마피아 정신이다.

초기의 마피아는 시칠리아를 침공했던 많은 외세를 막아내기 위한 결속력을 다지면서 그 뿌리를 내리기 시작했다. 외세로부터 가족을 지키기 위한 집단의 유대감이 마피아의 본성이었다. 시칠리아에 가보면 실제로 가게

가족사진이 걸려 있는 허름한 구역의 구멍가게다. 가게 입구 꼭대기에 간판처럼 그려진 그림은 포도를 거둬들이는 풍경이다. 「포도 수확」이란 제목도 달려 있는데, 가게의 이름마저 그렇게 불리는 모양이다. 유치한 플라스틱 조화와 포도덩굴로 진열대를 꾸몄는데 그 사이사이에 가족들의 오래된 흑백사진들이 장식물처럼 걸려 있다. 시칠리아에서도 고급스럽고 현대화된 가게에서는 이런 모습을 찾아보기 힘들지만 이런 구멍가게에서는 아직도 빛바랜 가족사진들이 부적처럼 걸려 있는 모습을 쉽게 볼 수 있다.

마다 가족사진들이 벽에 걸려 있다. 그 가운데는 꼭 오래된 흑백사진도 있다. 가게 주인의 아버지나 어머니, 아니면 할아버지나 할머니 사진들이다. 시칠리아에서는 가족 간의 연결고리가 강하다. 이것이야말로 마피아라는 특유의 조직이 만들어질 수 있는 구심력이다.

마피아의 고향

시칠리아의 마피아 조직은 이미 중세부터 존재하고 있었지만 본격적으로 범죄를 일삼기 시작한 것은 19세기에 들어서부터다. 9세기에 섬을 점령한 아랍 세력에 저항하면서 도망 다니던 섬 주민들의 피난처를 아랍말로 '마피아'라고 했는데, 나중에 그 말뜻이 바뀌어서 안전을 지켜준다는 명목으로 귀족 가문이나 부자들을 윽박지르면서 돈을 빼앗는 무리를 일컫기에 이르렀다. 18세기가 되면서 마피아 조직은 마피아 조직은 만일 자신들의 요구에 따르지 않으면 그보다 심한 피의 대가를 치르게 될 것이라고 겁을 주기 시작했다.

마피아는 19세기 후반부터 차츰 닥치는 대로 사람들을 협박하고 강탈하는 방법으로 이익을 취하다가 1960년대에 이르러서는 음성적으로 수입을 챙겼다. 미국을 비롯한 외부에서 마피아에게 자본이 들어오자, 법망을 피해 표면적으로는 합법적인 허울을 쓰고 지하경제를 형성한 것이다. 정치와 행정의 핵심에까지 침투한 이들 세력은 조반니 팔코네 검사를 비롯하여 많은 저항인사들을 암살하기에 이르렀다.

그저 스쳐지나갈 뿐인 관광객들의 눈에는 띄지 않지만 지금도 마피아의 영향력은 시칠리아 사회와 경제를 흔들고 있다. 시칠리아의 마피아들은 아직도 전통적인 가족 단위의 조직을 지켜나간다. 각자가 자유롭게 활동할 수 있지만 자신을 도와주고 보호해주는 조직에 맹목적으로 복종한다. 조직의 일원이 되려면 반드시 시칠리아인의 피가 흐르고 있어야 하는 것이 특색이다.

세계적으로 알려진 마피아의 본바닥은 미국이다. 신대륙 아메리카를 찾아간 유럽 이주민들 가운데 시칠리아를 중심으로 한 이탈리아인들이 그곳에 범죄 조직을 이룬 것이다. 이 조직이 미국 땅에 뿌리를 내리게 된 까닭 중 하나는 다름 아닌 파시스트 무솔리니다. 무솔리니는 이웃 나라들처럼 갈피를 못 잡고 어지러이 들썩이던 20세기 초반의 혼란스러운 이탈리아에 1인 독재 체제를 마련했고, 1924년에는 마피아 조직을 바짝 탄압하기 시작했다. 마피아들은 새로운 본거지를 마련하기 위해 어쩔 수 없이 미국으로 건너갔다. 전쟁으로 모인 폭발적인 힘을 국력을 키우는 데 쏟아 붓던 신대륙의 맹주 미국에도 제1,2차 세계대전 사이의 어수선한 틈은 있었고, 시칠리아의 마피아 조직은 그 틈새에서 세력을 키웠다. 도박, 강도, 매춘, 납치 등의 범죄가 그들의 주된 수입원이었다. 아이러니컬하게도 금주법이 시행되는 동안 마피아는 그 법망을 뚫고 오히려 엄청난 힘과 재력을 쌓았다.

마리오 푸조의 소설을 영화로 만든 「대부」에서 말론 브란도가 연기한 돈 코를레오네나, 마약 거래를 통해 현대 범죄 조직의 대부로 불리는 찰스 루치아노 등이 마피아의 대표적 인물이다. 둘 다 시칠리아에서 태어나 미국으로 건너간 뒤, 20세기 초반 격동하는 미국 사회에 조직을 일구었다. 오늘날까지도 미국의 일부 마피아 조직은 반드시 시칠리아에서 조직원들을 뽑아간다. 그럼에도 전통적인 시칠리아 마피아와는 그 성격을 달리하면서 미국의 특성과 배경에 의해 거대하고 무자비한 범죄 조직을 키워간다. 현대 사회가 물질주의로 치달을수록 나라를 가리지 않고 이런 범죄 조직이 사회 곳곳에서 암적 존재로 자리 잡아 서둘러 풀어야 할 어려운 숙제가 되어버렸다.

주마등처럼 펼쳐지는 시칠리아의 역사

시칠리아의 아침은 해송海松 꼭대기 솔잎 사이로 스며드는 햇살로 시작된다. 섬 여기저기서 지중해의 바닷바람을 받고 싱싱하게 자라는 해송은 파라솔처럼 생긴 '움브렐라 피네' 소나무와 함께 남부 이탈리아의 정취를 한껏 불어넣어주는 나무다. 팔레르모는 높지 않은 아파트들이 바둑판처럼 들어서 있는 신시가지와 낡고 허물어졌지만 오랜 역사의 이야기가 남아 있는 구시가지로 나뉜다.

이 도시는 기원전 7세기경에 상술이 뛰어나기로 유명한 페니키아인들에 의해 세워졌다. 레바논을 중심으로 활동하던 이 해상민족은 무역과 식민지 확보를 위해 북부 아프리카와 지중해 주변을 손에 넣었고, 그들에 의해 팔레르모도 처음으로 항구도시의 모습을 갖추게 되었다. 시칠리아의 역사와 마찬가지로, 그 뒤로 이 도시를 거쳐 간 민족은 시대별로 계속 바뀐다.

팔레르모는 신시가지와 구시가지로 나뉘는데, 그 풍경이 판이하게 다르다. 팔레르모 구시가지를 돌아다니다 갑자기 강렬한 인상을 풍기는 거리를 만났는데, 팔레르모의 풀치 시장이었다. 울창한 나무들이 하늘을 뒤덮고, 다닥다닥 붙은 판잣집들이 길게 줄지어 섰고, 갖가지 물건들이 길거리까지 펼쳐져 있어 섬 속에서 또 다른 이국의 땅으로 들어선 듯한 느낌을 준다. 골동품에서 잡동사니에 이르기까지 별의별 물건을 다 갖춘 중고품 시장이다. 살아 있는 아름드리나무 기둥들이 가게마다 지붕을 뚫고 올라가고, 어지럽게 쌓여 있는 물건들은 먼지를 고스란히 뒤집어쓰고 있다. 흥정하는 소리들이 빛이 스러지는 오후의 정적을 깬다.

이른 아침, 팔레르모 시내의 공원 안에 높이 서 있는 해송은 다른 나무들보다 먼저 햇살을 건진다. 너끈히 수백 년의 나이를 먹은 이 나무들은 30미터 이상 높이 치솟아 있다. 지중해와 대서양을 낀 바닷가에서 주로 자라는데 더부룩하고 기다란 잎사귀가 다른 소나무들과 구분된다. 유난히 햇살이 잘 쏟아지고 눈부신 지중해 지방에서 스스럼없이 자라는 해송은 바다의 갯냄새를 향긋한 지중해의 향기로 바꾸는 마술사이기도 하다. 때로는 코발트색으로 때로는 터키옥색으로 바뀌는 바다와 태양이 가득 쏟아지는 푸른 하늘을 이어준다. 더불어 초록빛을 머금어 그윽한 멋을 더하는 땅의 거인이다.

그리스인들이 다녀간 자리에 로마제국이 들어섰고, 기원 9세기경에는 엄청난 힘을 떨친 아랍제국이 여기에 또 다른 꽃을 피웠다. 11세기에 들어서는 노르만족이 섬을 조금씩 차지하면서 12세기까지 시칠리아를 다스렸다. 바이킹의 후예인 이들은 프랑스 북서부 지방에 자리했던 세력이다. 그 다음에는 독일 남부 바이에른 지방 민족이, 프랑스 중부의 중세 왕조가, 그리고 에스파냐인들이 차례를 이어가며 팔레르모의 새 주인이 되었다. 18세기에는 에스파냐 왕조가 나폴리와 시칠리아를 모두 다스렸다. 마침내 19세기 중반에 북부 이탈리아의 피에몬테인들과 가리발디에 의해 하나로 통일된 이탈리아에 속하게 되었다. 이로써 시칠리아도 오랜 외국 세력에서 벗어나 이탈리아의 특별자치구역으로 자리 잡았다.

그런 까닭에서인지 팔레르모나 시칠리아 섬을 돌아보면 매우 색다른 정취가 느껴진다. 다양함에서 오는 느낌이다. 섬이란 본토로부터 떨어진 채 사방이 바다로 가두어진 곳이다. 따라서 폐쇄적이거나 단조로운 성격을 지닐 수밖에 없는 것이 오히려 섬의 특성이다. 하지만 시칠리아는 방물장수의 보따리에서 쏟아져 나오는 물건들처럼 제각각 다르면서 독특한 문화들로 가득하다. 건물은 갖가지 특색 있는 건축 양식을 띠고, 음식 재료는 여러 민족의 것이 골고루 모였으며, 서로 다른 색깔의 사람들이 한데 섞였고, 성당과 사원의 내부 장식마저 저마다 제 색깔을 띤다. 외딴 섬이 아니라 국제전시장을 구경하는 듯한 느낌이 시칠리아가 가진 묘한 매력이다.

헛걸음 뒤에 맛본
모자이크의 황홀경

처음엔 열리지 않는 문

팔레르모에까지 온 첫 번째 목적인 「성모영보의 마돈나」를 만나기 위해 아침부터 서둘러 호텔을 나왔다. 시칠리아 지방미술관의 안내서에는 분명히 오전 9시부터 오후 2시까지가 개관시간이라고 씌어 있지만 그다지 믿을 수가 없다. 날씨가 더운 남부 유럽의 나라들은 빠뜨리지 않고 점심 휴식시간을 가지는데다 그 시간마저 제대로 지키지 않기 일쑤이기 때문이다. 정해진 시간보다 일찍 문을 닫아걸어 문 앞에서 낭패를 겪었던 기억들이 생생하다. 게다가 관광지인 경우 비수기에는 자신들의 안내서에 적어 놓은 규칙조차 잘 지키지 않는 것이 남쪽 사람들의 생리이다.

미술관은 작은 만(灣)과 식물원 사이의 낡은 구역에 있다. 이 구역에는 지붕이 날아간 집, 벽 한쪽이 무너져 내린 집, 아무도 살지 않는 집들이 군데

위 사진 벽은 군데군데 허물어 떨어져나갔고 깨진 유리창은 빈집의 흉한 모습을 드러낸다. 낙서와 찢긴 벽보는 동네 분위기를 알리고 햇볕 드는 길모퉁이에 드러누운 개의 눈빛이 흐릿하다. 발코니에 정신없이 널어놓은 온갖 빨래들이 지저분한 골목길의 시끄러운 소리들과 어우러져 가난한 동네의 정서를 나름대로 꾸며준다. 무너진 벽을 양철판으로 둘러놓은 쪽에는 오래됐지만 멋을 지닌 건물이 버려진 채 한 그루의 종려나무와 함께 덩그러니 서 있다.

앞쪽 사진 부둣가에서 가까운 구 시가지의 이 동네는 한눈에도 살림살이가 허름하다. 길거리에는 쓰레기가 제멋대로 굴러다니고, 벽 여기저기가 무너져가고, 광고 벽보가 빈틈없이 붙었다 찢어지고, 길바닥에 할일 없는 사람들이 느긋하게 앉아 있고, 어디선가 싸우는 소리도 섞여 든다. 시칠리아를 대표하는 미술관이 이런 곳에 있다는 게 낯설지만 이방인에게는 오히려 이런 동네가 편하게 느껴진다.

남부 이탈리아의 가난한 동네에서 흔히 볼 수 있는 이 풍경에선 낡아도 손대지 못하고 지저분해도 개의치 않은 채 그런 속에서 떠들썩하게 살아가는 이탈리아 사람들의 냄새가 난다. 그래도 집집마다 엘지와 삼성 에어컨을 달지 않은 가정이 별로 없어 이곳의 여름 더위가 얼마나 대단한지 보여준다. 승강기가 없는 집에서 굳이 내려오지 않고 편하게 장을 볼 수 있게 달아놓은 바구니가 발코니에서 늘어뜨려져 있다. 그 아래에는 오래되고 좁은 길을 다닐 수 있는 이탈리아 특유의 소형 자동차인 피아트 500cc가 깜찍하게 서 있다.

군데 박혀 있다. 제2차 세계대전 때에 당했던 폭격의 잔재이며 1968년에 있었던 지진의 자국들이다. 아직까지 그런 흔적들을 내버려두고 있다는 것이 놀라울 뿐이다. 이런 폐가들은 많은 식구들이 시끄럽게 북적이는 집들과 아무렇지 않게 나란히 붙어 있어서 이상한 대조를 이룬다.

가난한 사람들은 파괴와 폐허의 긴 그림자가 그다지 대수롭지 않은지 집집마다 빨래들을 밝은 햇살에 내다 걸어놓고 수다를 떨고 있다. 발코니마다 줄 달린 바구니들이 걸려 있는 모습도 시칠리아의 빼놓을 수 없는 명물이다. 낡은 집에 사는 뚱뚱하고 나이 든 여자들이 장을 볼 때마다 힘들게 층계를 오르락내리락하지 않아도 되는 기발한 방법이다. 발코니에 나와 소리치면 구멍가게 주인이 필요한 물건을 올려 보내고 골목마다 외치고 돌아다니는 생선장수도 단골이 원하는 것을 바구니에 담아준다. 모자란 것은 많아도 되레 걱정이 없는 듯한 사람들이 사는 풍경이다.

길을 묻고 되물어서 찾아간 미술관 어귀는 인적 드문 골목길이어서 다가갈수록 불안한 마음을 가누기 어렵다. 먼 길을 마다 않고 찾아간 미술관에 정작 보려던 작품이 없어 오래도록 안타까움을 삭이지 못한 경우가 벌써 몇 번이었던가? 툭하면 특별전시에 빌려주었다든지 필요한 보수작업 때문이라면서 작품은 보이지 않고 사진 한 장만 달랑 그 자리를 대신하던 기억들이 불길하게 떠올랐다. 가장 가까운 뼈아픈 기억은 베를린 시립미술관에서 놓친 카라바조의 「승리의 에로스」다. 암스테르담 특별전시에 나들이 나간 이 그림 하나 때문에 내가 살고 있는 파리에서 1천 킬로미터 떨어진 이 북구의 도시를 언젠가 다시 찾아가야 할 숙제를 안게 되었다.

카라바조, 「승리의 에로스」 캔버스에 유채, 156×113cm, 1602~3, 베를린 시립미술관 소장

방을 온통 뒤죽박죽으로 어질러놓은 개구쟁이가 어른에게 들켜서 쑥스럽게 웃고 있는 장면을 떠올리게 하는 그림이다. 보통의 아이와 다른 점이 있다면 거추장스러울 만큼 커다란 날개를 달고 있는 것 정도다. 그마저 장난꾸러기의 기발한 분장 같다. 오른손에 화살을 들고 나타난 사랑의 신 에로스다. 탁자 위에 펼쳐진 천은 헝클어져 흘러내리고 그의 발 아래로 여러 종류의 물건들이 나뒹굴고 있다. 엉망진창의 이런 장면을 상징적으로 풀이하면 육체적인 사랑이 이성과 미덕과 학문보다 더 근본적인 본능임을 나타내 보이는 것이다. 에로스의 발 아래 놓인 악기들, 직각자, 컴퍼스, 악보, 펜, 갑옷, 월계수 등이 본능의 단계를 넘어선 인간의 지적 영역을 가리키기 때문이다. 육욕의 사랑이 정신적 요소를 지배하는 그림의 내용으로 말미암아 '승리의 에로스'라는 제목으로 불린다.

이는 세기의 반항아 카라바조만이 휘두를 수 있는 엄청난 파계破戒다. 악의 없는 표정을 짓는 에로스의 웃음에 실려 이성과 과학과 문예로 이어져왔던 르네상스의 정신과 뿌리가 한 번에 날아가버릴 폭풍이다. 아무것에도 얽매이지 않은 카라바조의 이 놀라운 자유로움 속에는 사실 더 충격적인 내용이 감춰져 있다.

그 깊은 이야기들을 낱낱이 다룰 수는 없고, 껍데기에 지나지 않는 토막 이야기 하나만 덧붙여보자. 에로스의 모델이 된 소년의 이름은 그레고리오다. 오갈 데 없이 몸을 팔며 살아가던 이 남자아이를 카라바조는 자신의 아틀리에에 데려다 살게 했다. 소년은 망아지처럼 날뛰고 다니는 망나니였다. 어느 날, 방에서 유난히 시끄러운 소리가 들려왔다. 방문을 열었을 때 카라바조는 번개를 맞은 듯이 정신이 번쩍 들었다. 화가의 영감을 때리는 기막힌 장면이 눈앞에 펼쳐져 있었던 것이다.

벌거벗은 그레고리오가 카라바조가 그림 그릴 때 사용하는 도구들을 방바닥에 온통 어질러 놓고 화살을 한 손에 든 채로 침대 위에 서 있었던 것이다. 카라바조의 의식 아래에 웅크리고 있던 본능과 찾고 있던 작품세계가 눈앞에 그대로 펼쳐진 순간이다. 카라바조는 그레고리오에게 꼼짝 말라고 소리치고 신들린 듯이 눈앞에 벌어진 광경을 화폭에 담았다. 거리낌 없는 장난꾸러기가 그의 화폭에서 에로스로 변신했다.

이렇게 그려진 「승리의 에로스」는 기존 가치관과 르네상스의 정신을 한낱 골동품으로 여기던 카라바조의 그림세계가 고스란히 드러난 대표작이다. 인간의 뇌 속에 들어 있는 깊은 속내평을 들켜버린 은밀한 순간의 포착이 이 작품의 매력이 되어 감상자의 기억에 지워지지 않는 흉터를 남긴다.

지나다니는 사람도 없는 골목에 자리한 미술관에 도착하니 입구의 육중한 문은 굳게 닫혀 있다. 문 닫는 날도 아닌데. 순간, 숨 가쁘게 달려온 2,000킬로미터의 여정이 쿵 하고 가슴을 친다. 멍하니 쳐다보니 컴퓨터로 출력한 안내문 한 장이 얄밉게 붙어 있다. 어림짐작에 오늘과 내일 이틀 동안 특별히 문을 닫는다는 공고로 보였다. 하도 기가 막혀 지나가는 사람을 붙들고 다시 물어보아도 돌아오는 답은 매한가지다.

　이래서 학교나 책에서 얻을 수 없는 것들을 여행에서 많이 배우는 바다. 마종기 시인이 노래했듯이 "어쩌면 세상의 모든 일을 지척의 자로만 재고 살 건가"라는 위로의 속삭임이 들려온다. 여행은 한치 앞을 알 수 없는 인생살이의 축소판이다. 기대, 실망, 단념, 도전, 실패, 관용, 그리고 다시 희망으로 이어지는 인간의 삶과 닮은꼴이다. 이틀을 기다릴 것인가, 아니면 이대로 돌아설 것인가? 발길이 떨어지지 않아 오랫동안 닫힌 문 앞에 우두커니 서 있었다. 결코 그냥 떠날 수는 없는 일이다. 다시 오리라 다짐하고 돌아 나오는 길에, 눈부신 햇살도 사람들의 떠들썩한 소리도 아까와 달라진 것이 없었다.

20여 년 만에 찾은 비잔틴의 보석

　이틀의 시간을 손에 쥔 나는 팔레르모와 그 둘레를 돌아다니기로 마음먹고 먼저 팔레르모를 벗어나 가파른 몬테레알레('왕의 산'이라는 뜻)로 올라갔다. 노르만 왕조 시절에는 왕의 사냥터였는데 나중에 건물이

몬레알레 대성당 옆길의 한적한 골목길로 들어서는 '탑들의 거리' 어귀에서 재미있는 표지판이 눈에 띈다. 차량 통행금지가 아니라 마차 출입을 막는 안내판이다. 21세기에도 마차가 돌아다닌다는 말이다. 3만 명 남짓한 인구가 사는 조그만 산동네는 길이 좁고 구불구불하다. 이미 자동차로 동네가 터져나갈 듯한데 두오모 광장 앞에는 늘 관광객을 태우고 역사의 자취를 돌아보는 마차가 서 있다. 빛바랜 옛날 흑백 그림엽서에도 똑같은 모습이 담겼다. 시칠리아 분위기가 풍기도록 말에는 깃털 장식도 달고 울긋불긋한 장식 술도 붙여 꾸며놓았다. 그런 마차가 고작 몇 대 되지도 않을 텐데 굳이 통행금지 판까지 세워둔 것이 엉뚱하다. 함부로 내갈긴 말똥에 지겨워진 골목길 주민들의 짜증 때문일까? 아무튼 신기한 표지판을 몬레알레 산동네에서 만났다.

세워지고 그곳에서 왕이 머물렀다. 루브르 궁전에서 20킬로미터 가량 떨어진 숲에서 사냥하며 머무를 수 있도록 베르사유 궁전이 세워졌듯이, 팔레르모에서 가까운 산 위에도 왕의 숙소와 베네딕투스 수도원과 성당이 자리 잡았다. 지금은 오래된 이 구역을 둘러싼 몬레알레라는 조그만 마을의 일부로 팔레르모의 서쪽 산비탈 쪽에 앉아 있다.

이곳에는 비잔틴 미술의 보물이라고 할 몬레알레 대성당이 그대로 남아있다. 이 건물은 아랍 양식이 들어간 성당 후진後陣을 빼고는 대체로 12세기의 노르만 양식으로 지어졌다. 노르망디 공작이자 시칠리아의 왕이었던 기욤 2세가 꿈의 계시를 받고 만든 장엄하고도 화려한 성당이다. 세상에서 가장 아름다운 성당의 하나로 꼽는다 해도 전혀 손색이 없다.

우리네 유명 사찰들이 꿈에 나타난 부처나 보살, 또는 신령들의 주문과 약속에 따라 세워졌듯이 이 성당도 비슷한 이야기로 시작된다. 시칠리아의 왕은 어느 날 꿈에서 성모마리아를 보았다. 짓궂은 성모였는지, 부왕이 감추어놓은 보물의 장소를 그에게 넌지시 가르쳐주면서 이곳에 성당을 지으라고 일러주었다 한다.

이런 전설을 가진 성당은 12세기 말 비잔틴 예술의 으뜸가는 결정체를 그대로 간직하였다. 그 가운데서도 백미는 구약과 신약의 이야기를 다룬 실내의 모자이크 장식이다. 넓은 성당 실내를 빈틈없이 메운 헤아릴 수 없는 돌 조각들이 천상의 노래로 빛나고 있다. 특히 금박을 입힌 유리 조각들의 황금색은 바깥에서 들어오는 빛이 아니라 강렬한 신앙의 빛으로 뿜어 나와 성당 안을 가득 채우는 것처럼 느껴진다.

성당 후진에 위치한 둥근 돔 지붕의 안쪽 면에는 그 유명한 「전능하신 그리스도Christ Pantokrator」가 아래를 내려다보고 있다. 비잔틴 예술을 다룬 책마다 빠지지 않는 작품을 이곳에서 뜻하지 않게 만난 충격은 황홀경 바로 그것이었다. 그리고 곧이어, 20년 전쯤의 오래되고 희미한 기억이 그 뒤를 따랐다. 시칠리아를 다녀온 미학 교수가 꼭 한 번 가서 보라고 권하던 그리스도의 얼굴이었다. 그때 보았던 슬라이드 사진의 영상이 지금 눈앞의 황금 모자이크와 겹쳐졌다.

너비 13미터가 넘고 높이 7미터에 이르는 예수상은 높고 거대하여 보는 이로 하여금 전능하다는 느낌을 절로 들게 한다. 그 아래에 직접 섰을 때 그동안 책과 사진에서 보던 것과는 다른 점을 하나 발견했다. 책을 통해서 여태까지 느껴왔던 예수의 근엄하고 딱딱하던 모습이 온데간데없이 사라진 것이다. 오히려 땅 위의 모든 것을 품을 듯이 온화한 그리스도가 두 팔 벌려 포근하게 사람을 맞아주는 게 아닌가.

책에 실린 도판에서 인류의 사랑을 상징하는 그리스도의 표정이 너무나 굳어 있고 어찌 보면 배타적이라고까지 느꼈기에 가까이 다가가기 힘든 작품이었다. 전능한 모습을 나타내느라, 또는 엄격한 비잔틴 전통을 따랐던 까닭이라 감안하고 보려 해도 마음이 스스로 열리지 않을 때는 어쩔 수 없이 그 명성을 쉬이 받아들이지 못할 밖에.

같은 작품을 도판으로 볼 때와 직접 마주할 때의 느낌이 크게 다르다는 것을 익히 알고 있지만 몬레알레 대성당의 「전능하신 그리스도」처럼 전혀 다른 인상을 받긴 매우 드문 일이었다. 오색찬란한 모자이크의 오묘한 빛

「전능하신 그리스도」 몬레알레 대성당 벽화, 12세기

이름만큼이나 웅장한 예수의 모습이 후기 로마네스크 성당의 후진 한가운데 자리하였다. 성당은 로마, 비잔틴, 그리고 이슬람 양식이 서로 어긋나지 않게 조화를 이루고 있다. 그리스도의 머리 뒤에는 수난을 상징하는 십자가의 후광이 빛나고 금박의 배경에는 '전능하신'이라는 뜻의 그리스어 'pantokrator'가 검은 글씨로 새겨졌다.

그 아래에는 두 천사장이 지켜 선 옥좌에 아기 예수를 안은 성모가 앉아 있다. 그 양쪽으로는 새겨진 그들의 이름과 함께 열두 사도들이 늘어섰다. 그들의 발아래에는 열네 명에 달하는 성인과 성녀들이 꼿꼿하게 정면을 바라본다. 종교적 중요성에 따라 위에서부터 아래로 내려오면서 등장하는 순서다.

돔 천장을 가득 메운 그리스도가 보이는 후진의 이 부분이 이 성당의 핵심이다. 또한, 모든 빛의 출발점이다. 비잔틴 예술의 이 걸작품은 정교한 모자이크로 장식된 팔레르모의 팔라티나 예배당에서도 같은 모습으로 만날 수 있다.

때문일까? 고요와 경건함에 휩싸인 성당 안에서는 나그네의 빈 가슴마저 전능한 신의 사랑을 느낄 수 있었기 때문일까?

아무 말 없는 그리스도는 오른손의 기다란 두 손가락을 들어 축복을 내린다. 왼손으로는 성경책을 펼쳐 보인다. 그 열린 쪽에 라틴어로 "나는 세상의 빛이니 나를 따르는 자는 어둠에 다니지 아니하고 생명의 빛을 얻으리라"라는 요한복음서 8장 12절의 구절이 빛나고 있다.

가파르게 빙글빙글 돌아가는 돌층계를 따라 위층으로 올라가면 성당 테라스가 나오고 지붕 모서리를 따라 바깥을 돌아볼 수 있다. 바로 눈 아래로 베네딕투스 수도원 안뜰이 보이고 풍요로운 땅에서 유래한 '황금의 계곡'이란 이름을 가진 주변 풍경도 시야에 들어온다. 북서쪽으로는 바다를 끼고 앉은 팔레르모의 시가지도 아스라이 내려다보인다.

「전능하신 그리스도」가 자리한 후진 쪽의 지붕에 다다르니 붉은 기와를 얹은 둥그런 지붕이 색다른 모습을 드러낸다. 그 아래쪽 벽에도 독특한 장식들이 화려하게 수놓아져 있다. 첨두식尖頭式 아치가 서로 포개지면서 생기는 공간마다 기하학 무늬의 둥근 창이 제각기 다른 모양으로 채워져 12세기의 이슬람 건축양식을 멋지게 선보인다. 그런가 하면 지붕 꼭대기에는 비잔틴 십자가가 푸른 하늘을 등지고 조용히 솟아 있다. 여러 민족의 생활 터전이었던 시칠리아는 종교마저 색색의 옷을 걸치고 있으니 참으로 이색적인 향기가 머금어진 곳이다.

몬레알레 대성당에 도착했을 무렵에는 이미 문 닫을 시간이어서 이곳마저 허탕 치는 게 아닐까 조바심에 얼마나 뛰었는지 모른다. 무슨 영문인지

베네딕투스 수도원 안뜰

몬레알레 대성당과 바로 인접해 있는 이 베네딕투스수도원은 안뜰에 세워진 아름다운 돌기둥 장식으로 널리 알려진 곳이다. 47미터 길이의 정사각형 둘레를 따라 한 쌍으로 이루어진 228개의 기둥이 아랍 풍의 아치를 받치면서 회랑을 돌고 있다. 이 기둥에 새겨 넣은 모자이크 장식과 기둥머리의 조각들은 시칠리아의 로마네스크 양식을 대표하는 것들이다. 짙은 아랍의 영향과 중세를 내비치는 비잔틴 양식과 지중해 지방의 입김이 닿아 이루어졌다.

베네딕투스 수도원의 각 건물들을 잇는 이 안뜰은 고즈넉하면서 간결한 기하학 공간을 품어 어디선가 그윽한 향내가 피어오르는 듯하다. 십자가와 동그라미와 네모의 모양이 들어 있는 안뜰 공간 안에는 종려나무, 야자나무, 올리브나무 등이 자리하여 남국의 풍취를 더해준다. 게다가 뜰 한쪽 모퉁이에는 아랍 정원의 특징인 파티오(가운데 뜰)와 그 중심에 놓인 수반水盤이 갖추어졌다. 문득, 그라나다의 알람브라 궁전에서 만난 정적의 오묘함을 떠오르게 한다.

모르겠지만, 구경하는 사람이 거의 없고 정해진 시간도 지난 듯했는데 다행히 탈 없이 입장할 수 있었다. 성당의 안과 바깥을 다 보았을 즈음에야 아슬아슬하게 출입문을 닫는다. 그때 도착한 미국인 노부부가 언제 성당 문을 다시 여는지 묻고 있다. 남의 일 같지 않아 안타까운 마음을 품은 채 고요하고 영적인 세계를 빠져 나왔다.

바깥에 펼쳐진 두오모 광장에는 한낮의 밝음이 넘쳐흐르고 있다. 조금 전 가슴을 가득 메우던 성당 안의 비잔틴 세계가 갑자기 먼 나라의 추억처럼 눈부신 빛 속으로 사라져버린다. 그래도 죽는 날까지 가슴속에 남아 있을 아름다움을 얻은 기쁨에 점심시간의 텅 빈 광장이 쩌렁쩌렁 울리도록 소리치고 싶은 기분에 휩싸였다. 이곳에 오기 전 팔레르모 지방미술관에서 맛본 쓰라림은 지워지고 하나를 잃었기에 다른 하나를 얻게 된 교훈을 또 한 번 곱새기면서 몬레알레 거리를 천천히 걸었다.

뒷골목에서 만난 팔레르모의 매력

백 개의 성당을 가진 도시

　　　　　　마돈나와의 약속 날짜를 기다리면서 팔레르모 사람들의 삶의 터전과 낡고 지저분한 거리 모퉁이마다 숨어 있는 매력들을 찾아 기웃거렸다. 관광객을 맞는 변화한 구역보다 옛날의 때를 구태여 벗으려 하지 않은 장소들이 더 정감 어린 모습으로 다가온다.

　못사는 구역에는 게딱지처럼 다닥다닥 붙은 집들이 울긋불긋 함께 어울려 있다. 그리고 널어놓은 색색의 빨래들과 찢긴 벽보들, 집 바깥으로 내놓은 온갖 물건들이 어린애의 낙서처럼 정신없이 거리를 메운다. 발코니에 나와 맞은편 집 아낙과 수다 떠는 여자들, 카페에 모여 하루 종일 심심한 시간을 보내는 건달들, 공원에 모여 카드놀이 하는 노인들 등, 우리네 1960년대 흑백사진에 남겨진 풍경처럼 시칠리아 사람들은 길거리에서 많은 시

팔레르모 시내에 자리한 '독립의 광장'에 노인들이 모여 있다. 이 광장은 팔라티나 예배당이 함께 있는 노르만 궁전의 맞은편 공원이다. 1140년부터 종교의식을 가졌던 팔라티나 예배당은 몬레알레 대성당의 두오모 양식에 직접적인 영향을 미쳤다. 따라서 두 성당의 돔에 나오는 「전능하신 그리스도」는 매우 닮은꼴이다.

노르만 궁전의 높은 벽 아래 서 있는 해송과 측백나무의 그늘이 지는 곳마다 둘러앉아 몇 시간이고 놀이에 정신을 팔고 있는 무리들이 여럿 흩어져 있다. 내기라도 하는지 놀이판마다 큰소리가 튀어나온다. 이런 풍경은 장터 한 모퉁이에서, 손님 없는 카페에서, 그리고 나무 그림자가 드리워진 동네 공터에서 심심찮게 만날 수 있다. 오랜 동반자를 잃어버렸는지 팔레르모의 바다가 한눈에 들어오는 몬레알레 수도원 빈 터에 우두커니 혼자 앉은 할아버지도 있었지만 대부분의 시칠리아 노인들은 떠들썩하게 한데 모여서 느릿한 시간을 때운다.

간을 보낸다.

팔레르모 옛 성벽 바깥으로 발길을 잡아 카푸치노 수도원으로 향했다. 이 수도원 지하 묘지에 미라로 만든 약 8,000점의 주검이 전시되어 있는 장관을 보기 위함이다. 이 공동묘지는 여느 로마 시대의 지하묘지와는 다르다. 꼬불꼬불한 미로가 아니라 구획 정리가 잘 된 공간에 마련된 마지막 안식처다. 머리칼이 듬성듬성하게 붙은 해골에 마른 살갗이 너덜너덜한 미라들을 마치 마네킹처럼 진열해놓은 점도 색다르다. 미라들이 입은 옷도 모두 제각각이라 섬뜩하면서도 야릇한 기분이 든다. 송장을 미라로 만들 만한 경제적 여유가 있는 부유층과 성직자들이 대부분이다. 죽음의 세계에도 빈부의 차이가 있는 모양이지만 흉측한 꼴을 관광객들에게 보이느니 한 줌의 흙으로 깨끗이 돌아가는 것이 백번 낫지 않았을까? 죽은 이를 미라로 만드는 관습이 사라지는 19세기 말까지 200년이 넘는 시간의 주검들이 한자리에 모여 있다. 차가운 침묵만 흐르는 그곳엔 지하의 습기와 곰팡이 냄새와 소름 끼치는 한기와 끝이 막힌 정적만 가득하다. 아무런 표정 없이 입장료를 받는 카푸치노 수도사는 죽음의 세계에 이미 익숙해져버린 존재처럼 지하묘지 입구를 지키고 있다.

팔레르모의 부둣가 가까이로 가면 오래된 동네들을 만날 수 있다. 이 동네들은 팔레르모가 바다를 상대로 살아온 도시임을 잘 말해준다. 이 구역에는 한 길 건너마다 성당이다. 팔레르모가 '백 개의 성당을 가진 도시'라고 불릴 만하다. 더불어, 거친 바다에서 목숨 건 하루하루를 보내는 뱃사람들이 오로지 신앙으로 자연의 변덕을 버티던 고통의 긴 그림자가 느껴진다.

카푸치노 수도원 지하묘지의 내부

바둑판처럼 서로 엇갈리는 여러 통로를 따라 수많은 미라들이 제각기 다른 옷차림으로 늘어서 있다. 어떤 것은 관 속에 들어 있고 어떤 것은 벽에 매달려 있다. 어떤 구역에는 촘촘히 붙은 칸막이 상자에 채워 넣은 해골들로 온통 벽을 메웠다. 철망 너머로 전시된 이 끔찍한 장면들을 보았을 때 머릿속을 훑고 지나가는 영상은 아우슈비츠에 쌓여 있던 학살된 시체들의 지울 수 없는 참혹함이다.

사진에 실린 미라들은 시칠리아에서도 부유층의 것이며 벽에 높이 걸려 있는 것은 수도사의 미라다. 그중 멀리 있는 해골은 머리에서 발끝까지 수사의 거친 옷을 걸쳤다. 검소한 생활로 고통을 같이 나누던 카푸치노 수도회의 이름도 이들이 늘 입던 옷의 고깔모자에서 나왔다.

발베르데의 산타 마리아 교회 내부

포구를 바라보며 앉은 이 조그만 가톨릭 교회 안으로 들어서면 외관만 봐서는 생각지 못한 화려한 바로크 양식의 실내가 펼쳐진다. 천상의 세계에서나 들릴 것 같은 장엄하고도 환희에 찬 음악을 쏙 빼닮은 벽화들이 잠시 지상의 고단한 현실을 잊게 만든다. 갖은 색깔의 대리석으로 빚어낸 조각들도 무거운 돌이 아니라 마치 피어나는 구름인 듯하다.

17세기 말에 세워진 이 교회는 바다가 있는 동쪽에서 빛이 들어오는데 그쪽의 완만한 아치 위에 있는 독특한 쇠장식이 눈에 띈다. 나선형의 무늬를 넣어 부채꼴로 펼쳐놓은 모양이 마치 활짝 펼쳐서 한껏 뽐내는 공작의 꼬리를 연상시킨다. 다른 곳에서는 보지 못했던 장식이기에 물어보니 성가대가 노래 부르는 발코니란다. 천사들의 노랫소리가 흘러나오는 곳이란 얘기다. 고딕건축의 성당에서는 그곳에 파이프 오르간이 세워진다. 고딕뿐 아니라 다른 바로크 성당에서도 합창대는 제단 뒤쪽에 자리하는 것이 보통이니, 이것은 사뭇 다른 구조인 셈이다.

산 조반니 델리 에레미티 교회

'은둔자의 성 조반니'라는 뜻을 지닌 이 가톨릭교회는 젖무덤처럼 부드러운 곡선으로 만들어진 둥근 지붕 때문에 이슬람 사원이 떠오른다. 네모반듯한 몸통에 둥근 돔을 올려놓은 모양이 '쿠바'라고 부르는 이슬람의 조그만 사원을 영락없이 닮은 까닭이다. 한편 십자가 모양의 평면 구도와 종탑과 아치를 받치는 로마네스크 기둥들은 단순하면서 엄격한 노르만 양식이다. 시칠리아에서 아랍 건축과 노르만 로마네스크 건축의 조화가 멋들어지게 어우러진 본보기다. 처음에는 교회로, 뒤이어 이슬람 사원으로, 다시 가톨릭교회로, 지금은 껍데기만 남은 역사의 흔적을 서로 다른 건축 양식을 통해 더듬게 된다.

프랑스에서 고딕 양식이 시작되려던 1136년에 다시 세워진 이 매력적인 교회는 내부가 맨흙바닥의 폐허가 되고 말았지만 신비한 분위기가 감도는 정원에는 은둔자의 정취가 그대로 남아 있다. 하늘로 치솟는 야자나무와 실편백나무, 더운 나라의 정서를 부르는 용설란과 선인장, 정적의 향기를 뿜는 밀감나무와 오렌지나무 등이 빼곡히 들어찬 은밀한 공간은 무겁고도 짙은 그늘 아래 갇혀 있다. 인종이 다르고 저마다의 역사를 달리 해도 인류의 문명은 그 출처가 어디인가를 막론하고 메마른 땅을 적시는 단물 같다는 생각이 문득 스쳐가는 곳이다.

유럽을 통틀어볼 때 남쪽으로 내려올수록 신앙심이 훨씬 열렬해지는 성향을 보이지만 시칠리아인들은 신앙이 사는 의미 바로 그 자체라고 해도 지나치지 않을 정도다. 팔레르모 시내에 아랍 양식과 노르만 양식으로 지어진 성당들도 여럿 보이지만 그보다 나중에 만들어져 눈부시도록 화려한 바로크 양식의 성당이 가장 많다. 어떤 성당은 바르셀로나에서 보았던 것처럼 성당 안뜰에 정원과 분수를 가지고 있었다. 이런 점에서 18세기에 시칠리아 땅에 들어온 에스파냐 사람들과 그 문화의 영향이 읽힌다.

남자들이 차지한 시칠리아의 재래시장

항구에서 가까운 구 시가지의 골목시장은 우리네 재래식 시장과 다를 바가 없다. 거기서 들려오는 시끄럽고도 정겨운 소리와 떠도는 공기 속에 뒤섞인 맛있는 냄새가 어린 시절의 향수를 불러일으킨다. 야채가게에 벌려 놓은 싱싱한 오렌지, 레몬, 귤 들이 풍성하다. 브로콜리, 가지, 호박, 피망, 마늘, 아티초크, 호박, 토마토, 감자 등의 야채들은 시칠리아의 독특한 팔레트에 선명한 색깔을 보태준다.

생선가게에는 바닷가 특유의 소란스러움이 살아 있다. 신선해 보이도록 쉬지 않고 생선에 물을 축이는 주인들의 고함소리가 여기저기서 터져 나온다. 이곳에서 많이 보이는 생선은 작고 은빛 나는 정어리, 헤밍웨이의 『바다와 노인』에 나오는 황새치, 그리스와 이탈리아 남부 지중해에서 많이 잡히는 문어, 잡히자마자 직송되어 일본의 고급 식탁에 오르는 참다랑어, 붉은색이 유난히 짙은 큰새우 등이다.

　뼈와 머리를 발라낸 뒤 소금에 절이는 이탈리아 판 멸치젓이라 할 안초비는 이탈리아 음식에서 빼놓을 수 없는 밑반찬이다. 전통 시칠리아 피자에는 토마토와 함께 이 생선젓이 꼭 들어간다. 숯불에 석쇠를 놓고 올리브기름을 약간 두르고 구워 먹는 황새치는 그 맛이 육류의 살과 비슷하고 담백하여 시칠리아에서 최고로 치는 맛 중 하나다. 갓 잡은 싱싱한 문어는 살짝 데친 뒤 올리브기름과 향료를 뿌려 먹는데, 그 쫄깃함과 부드러움은 지중해 음식 맛을 일깨워주기에 충분하다. 바다가재, 흰 살 생선, 오징어 등은 해산물이 풍부한 시칠리아 음식 차림표를 군침 돌게 꾸며주는 재료들이다. 바다에 둘러싸인 섬이라 이렇듯 해산물 요리가 발달했다. 예전에는 네 발 달린 짐승 고기는 특별한 날에나 먹을 기회가 찾아왔다고 한다.

　허술하기 짝이 없는 일상용품을 파는 가게들과 중국산 잡화를 파는 화교 상인도 전구 불을 밝히면서 손님을 기다린다. 서양 먹을거리에서 빠뜨릴 수 없는 치즈들도 갖가지 모양으로 짙은 냄새를 풍기고 푸줏간과 빵집들도 좁고 꼬불거리는 골목길을 가득 메우고 있다. 시칠리아의 여러 시장을 다녀보니 색다른 공통점이 눈에 띈다.

　시장 안을 돌아다니며 장을 보거나 구경하는 사람들이 거의 남자라는 점이다. 물건을 파는 이도 대개 남자들이었다. 다른 곳에서는 볼 수 없던 낯선 풍속도다. 남성 중심의 보수적 사회의식을 가진 시칠리아인들의 고집일까? 시장 보는 일은 바깥에서 하는 남자의 몫이라고 생각하는 걸까? 그러고 보면 시칠리아에는 장바닥이든 길바닥이든 남자들이 넘쳐난다. 가족 단

위가 철저한 시칠리아인들 사이에서 여자에게 괜히 눈길 한번 잘못 던졌다가 그 값을 톡톡히 치르는 영화의 한 장면이 덩달아 떠오른다.

토속 음식 맛보는 여행의 매력

여행이 주는 기쁨의 하나는 그곳 음식을 맛보는 것이다. 그곳에 사는 사람들이 만들어낸 음식을 먹어본다는 것은 말이 통하지 않아도 그 사람들의 성격과 특징을 알 수 있는 좋은 수단이다. 한국인들은 고기를 자주 먹을 수 없었던 생활환경 속에서 단백질과 지방의 가장 효율적인 섭취 방법인 콩으로 메주를 쑤고 거기에다 짚에서 얻은 곰팡이를 띄워서 된장을 만들었다. 그것으로 만들어진 음식을 먹어봐야 비로소 한국 문화를 맛볼 수 있는 것과 마찬가지다. 같은 된장이더라도 기후와 주산물과 환경에 따라 동북아시아 각 나라의 된장 맛과 특성은 다르다. 그러기에 음식은 그곳의 문화와 생활의 독특함을 잡아내주는 길잡이다.

이탈리아의 음식점은 제대로 격식을 갖춘 리스토란테, 조그만 식당을 가리키는 트라토리아, 음식 종류가 많지 않지만 편하게 먹을 수 있는 피체리아로 나뉜다. 유럽 국가 중 이탈리아 음식이 한국인 입맛에 잘 맞는다는 것은 이미 잘 알려진 사실이다. 그러나 이탈리아의 다른 지방과는 달리 시칠리아에서는 한편으로 실망스러움을 감출 수 없었다. 바다와 땅에서 직접 나오는 재료의 신선함이 오히려 손맛을 떨어뜨려놓은 모양이다. 그런 곳에서 흔히 느끼는 점이지만, 좋은 재료가 굳이 음식 솜씨를 개발시켜야 할 필요성마저 없애버린 셈이다. 또는 여러 민족이 모인 시칠리아의 특성상 다양한 음식문화가 한데 섞일 수밖에 없는데, 그 종류가 너무 많다보니 빼어난 수준에 닿을 수 있는 그 어떤 것 하나를 찾지 못했는지도 모른다. 서로 다른 인종이 한데 모여 사는 것보다 서로 다른 음식문화가 합쳐져 새롭고도 깊은 맛을 만들어내는 것이 더 어려운가 보다.

팔레르모의 호텔이나 리스토란테에서도 '바로 이것이다' 할 만한 맛을 찾지 못했다. 타오르미나에서 최상급의 음식을 먹어봐도 "땡" 하고 머릿속을 울릴 수 있는 뭔가가 빠져 있었다. 가는 곳마다 고급스런 음식점은 왠지 모를 실망을 안겨준 반면, 시장 골목 가까운 곳에 자리한 트라토리아에서 오히려 토속적이면서도 입에 붙는 맛을 만날 수 있었던 것은 뜻밖의 즐거움이었다.

오른쪽 사진 시장 한 모퉁이에 아티초크 더미가 쌓여 있다. 보라색 엉겅퀴 꽃처럼 생겼지만 꽃대가 높고 어른 주먹보다 더 큰 아티초크는 꽃이 피면 매우 매력적이다. 잎사귀와 꽃잎에서 풍기는 거친 느낌과 비단실 같은 보랏빛 꽃술이 주는 보드라움이 어우러져 독특한 멋을 풍기기 때문이다. 오래 전부터 식용으로 키웠는데 사람이 먹는 부분은 꽃이 피기 전의 꽃받침이다. 꽃잎의 통통한 밑동 부분을 갉아먹어도 고소하기는 마찬가지다.

아티초크의 잎은 그냥 잎이기도 하지만 보라색 꽃이 필 때는 꽃잎 구실을 한다. 꽃잎 속 깊숙이 있는 꽃받침의 맛은 향기롭고 고소하다. 더구나 입 안에 남는 끝맛이 일품인데 좋은 녹차를 마시고 난 뒤에 입 속으로 퍼지는 뒷맛과 같다. 조리 방법이 다양하지만 살짝 삶아내어 잎을 떼어내고 남은 꽃받침을 식초와 겨자를 섞은 양념에 찍어 먹는 것이 가장 간단하다. 본디 원산지가 아프리카 북부여서인지 이탈리아 식탁에 자주 오르는 아티초크는 시칠리아를 거쳐 본토에 전해졌다. 프랑스에서도 초여름이 되면 온화한 서부 해안 지방인 브르타뉴의 들판에 가득 자란다. 맛있고 싱싱한 아티초크를 팔고 있는 모습은 시칠리아 어디를 가더라도 흔히 만나게 되고 그것을 재료로 만든 요리도 갖가지다.

시장 골목길 멀리까지 풍기는 냄새로 어디 있는지 대번에 알 수 있는 치즈 가게다. 풍선처럼 달린 것은 모차렐라다. 피자를 먹을 때 고무줄처럼 늘어나는 하얀 치즈가 바로 이것인데 부드러운 생 치즈로 말랑말랑한 맛이 특징이다. 유리 진열장 앞에 호박처럼 둥글고 누런 껍질의 치즈가 파르마산으로, 한 통의 무게가 30킬로그램에 달한다. 그밖에 푸른곰팡이 줄무늬가 들어간 고르곤촐라도 이탈리아 치즈에서 빼놓을 수 없다. 무소의 젖으로 만든 모차렐라와 함께 모두 소의 젖을 가지고 만든 치즈 종류다.

팔레르모의 가장 대표적인 부치리아 시장 안으로 가니, 주인은 어디 가서 수다를 떠는지 보이지 않고 손수레만 시장 바닥에 덩그러니 세워져 있다. 철판에는 밀가루를 반죽하여 네모나게 구워낸 먹을거리가 쌓였다. 그 위에다 토마토소스와 안초비를 곁들이는 시칠리아 전통음식이다.

뒤편 오른쪽에 텃밭에서 키워낸 듯한 야채를 파는 할아버지가 보이는데 번듯한 좌판도 없이 나무 상자 위에 시금치와 샐러리를 벌려 놓았다. 허름한 양복을 차려 입은 이 노신사는 서서 마늘을 손보는 중이다. 그 앞에는 싱싱한 마늘이 수북이 쌓였고 통에는 살아 움직이는 달팽이가 가득 담겼다.

달팽이요리는 프랑스 음식의 별미로 알려졌지만 로마 시절부터 로마인들이 즐겨먹던 고단백질 음식이다. 고기 단백질을 섭취하기 힘들었던 그 당시의 보잘것없는 식단에서 그 영양분을 대신 채워줄 수 있는 먹을거리였다. 야채를 키우는 농부에게는 달팽이가 골칫거리인데, 이놈들은 느리지만 닥치는 대로 먹어 치우는 까닭이다. 할아버지는 정성껏 가꾸는 야채를 훔쳐 먹는 놈들을 잡아다 이것을 맛있게 요리해 먹을 사람을 기다린다. 팔레르모 시장 안을 흐르는 시간은 한 시점에 머물러 있던 기억을 문득 건드릴 만큼 낯설지 않다.

요즈음 전 세계 젊은이들이 흔히 입고 다니는 운동복을 걸치고 있어도 이탈리아 르네상스 예술의 윤곽선이 얼굴에 그대로 드러나는 청년이 생선을 팔고 있다. 부두 가까이에 자리한 부치리아 시장에는 지중해에서 잡히는 싱싱한 생선들이 가득하다. 청년의 생선 가게에서 가운데 오른쪽에 놓인 가장 큰 놈이 바로 황새치다. 시속 100킬로미터에 이를 만큼 엄청나게 빠른 속도로 물살을 가를 수 있는 힘을 지닌 물고기이다. 황새치는 평균적으로 무려 5미터가 넘기에 이놈은 조그만 편이다. 기다랗고 뾰족한 생김새 때문에 쉽게 알아볼 수 있다. 잘린 꼬리 부분을 입에다 다시 물려놓은 이 생선가게의 진열방식이 새삼스럽다. 잘라놓은 단면에 나타나듯이 황새치의 살점은 나이테를 가진 두 개의 반원을 등지게 놓아둔 모양새로 되어 있다. 따라서 기다란 몸통은 참치처럼 겹겹이 층진 단단한 살로 채워졌다.

같은 시칠리아지만 북서쪽에 자리한 팔레르모와 동쪽에 자리한 카타니아의 시장에 나오는 해산물 종류는 조금 달랐다. 카타니아 어시장이 오히려 규모도 크고 생선의 가짓수도 더 많았다. 그곳에는 은빛 갈치도 그랬지만 성게가 자주 눈에 띄는 것이 특징이었다. 그쪽 바닷가에 자리한 타오르미나의 한 식당에서 맛본 성게 알 스파게티가 그리도 맛있었던 까닭도 바로 풍부한 해산물 산지와 가까웠기 때문이리라.

한 여자 마돈나

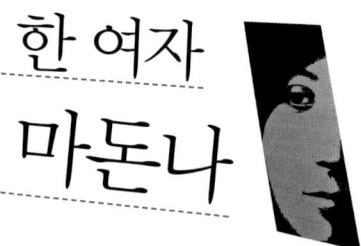

태양의 계절과 정적의 계절

아직 겨울이 끝나지 않았는데 팔레르모는 아침부터 맑은 하늘이다. 본디 지중해는 좋은 날씨를 가진 지역. 시칠리아 역시 그런 자연의 고마움을 누리는 섬이다. 비와 구름에 젖어 회색빛을 벗지 못하는 북유럽과는 달리 무엇보다 1년 내내 비를 잘 만나지 않는다. 밝은 햇빛은 자연과 사람들을 생동감에 넘치게 만들고 삶의 분위기까지 바꾸어놓는다. 따뜻한 햇볕이야말로 같은 유럽 사람일지라도 북쪽과 남쪽 사람들의 성격을 딴판으로 갈라놓은 장본인이다.

지중해의 영향을 고스란히 받는 시칠리아는 때론 무척 덥지만 1년 내내 햇빛이 넘쳐나는 축복 받은 땅이다. 겨울은 그리 매섭지 않고 더욱이 지구 온난화로 오히려 포근해졌다. 여름에는 아프리카에서 뜨거운 바람인 시로

코가 불어오는데, 그 영향을 직접 받는 남부 해안지방과 바닷가에서 떨어진 내륙지방, 사람 많은 대도시는 불볕 속에서 더위로 시달린다.

그럼에도 관광객들이 가장 많이 섬으로 몰려드는 건 7,8월이다. 특히 북유럽 사람들이 긴 여름휴가를 맞아 그동안 모자랐던 햇빛도 쬘 겸 절로 긴장이 풀리는 휴식의 섬을 찾아온다. 하지만 시칠리아의 가장 아름답고 쾌적한 계절은 봄이다. 위도가 비슷하고 같은 지중해에 자리한 그리스도 마찬가지다. 갖가지 꽃들이 사방으로 피어나고 부드러운 바람이 살랑거릴 때마다 대지의 향기가 전해온다. 기독교의 뜻 깊은 축일인 부활절을 맞아 연이어 열리는 잔치들은 훈훈한 봄날밤이 이슥하도록 끝날 줄 모른다.

그래도 문화기행을 하는 이들에게는 겨울이 가장 알맞은 때다. 지중해를 중심으로 유럽문명을 열었던 그리스인들은 시칠리아 곳곳에 화려한 문화의 꽃을 피웠다. 대단했지만 이제는 그 모습들이 거의 다 사라지고 멈추지 않는 시간과 소금기 묻은 바람만 지나가는 폐허가 되었다. 그렇게 사라진 문명의 자취들을 되돌아볼 때는 북적거리는 사람들 속에서보다 아무와도 마주치지 않는 공간 속에서 정적이 전해주는 시간의 이야기를 듣는 것이 제격이다.

사랑의 열병

이틀의 시간은 쏜살같이 흘러갔다. 다시 마돈나를 찾아 아침 일찍 시칠리아 지방미술관으로 가는 길, 가슴에는 오직 한 가지 바람만 간절했다. 꼭 그 모습을 직접 볼 수 있기를.

　왜 이토록 이 그림을 보려하는지, 어떤 작품이기에 알프스 산맥을 넘고 지중해를 건너서까지 찾아 왔는지, 대체 그림 속의 마돈나가 어떤 존재이기에 이러는지, 미술관에 닿기 전에 다시금 상기봐야겠다.

　미술을 공부하다 보면 묘한 인연으로 맺어지는 작품들을 만나게 된다. 그 연분이 깊어지면 마치 사랑하는 이를 만나고 싶어하듯이 사진이 아닌 실제 모습을 꼭 감상하고픈 마음이 부풀어 오르기 마련이다. 연애편지 속에 함께 보내온 사진 속 모습만으로 그리움이 채워질 사랑이 어디 있겠는가? 게다가 그림은 눈으로 감상하는 예술이기에 사진으로 보는 것과 그림을 일대 일로 눈앞에 두고 만나는 것은 당연히 다를 수밖에 없다. 마음을 크게 울리는 작품이 생겨날 때마다 그렇게 시작되는 사랑의 열병은 마음을 송두리째 뺏겨버린 이를 이곳저곳으로 떠돌게 만든다.

　팔레르모의 시칠리아 지방미술관에 보관된 「성모영보의 마돈나」는 시칠리아가 낳은 최고의 화가인 안토넬로 다 메시나의 작품이다. 그가 태어난 메시나는 삼각형 모양 시칠리아 섬의 북동쪽 꼭짓점에 자리한, 이탈리아 반도 끝에서 불과 6킬로미터 떨어져 있는 항구도시다.

　60만 년 전에 일어난 엄청난 지진 때문에 반도 끝부분이 떨어져 나온 것이 시칠리아다. 그 사이에 끼여 있는 해협은 호메로스의 이야기에 나오는 세이렌들이 지나다니는 뱃사람들을 유혹하는 곳으로 알려졌다. 이런 전설의 장소로 꼽히는 물목은 여러 곳이지만 물살이 좁은 목을 빠르게 지나면서 소용돌이치는 공통점을 가졌다.

스탐로스 높이 약 30cm, 기원전 480~470년경, 대영박물관 소장

몸통은 달걀 모양이고 두 개의 손잡이가 어깨 부분에 달린 그리스 항아리를 스탐로스라고 한다. 그 도자기에 신화의 한 장면이 검은 바탕에 붉은색 그림으로 그려졌다. 아테네를 중심으로 하는 아티카 지방의 예술품이다. 그림 속에는 뱃머리에 눈을 그려 넣은 그리스 배 한 척이 물살이 빠른 협곡 사이를 가로질러 가고 있다. 바로 오디세우스와 세이렌들의 전설이 그려진 항아리다.

두 귀를 막은 율리우스의 선원들은 세이렌이 부르는 유혹의 노랫소리에도 아랑곳하지 않고 열심히 노만 젓는다. 다만 돛대의 기둥에 묶인 오디세우스만이 고개를 뒤로 젖힌 채 가슴을 파고드는 세이렌의 마법을 감상하고 있다. 좁은 골짜기 꼭대기에는 세이렌 둘이 고향 길을 재촉하는 오디세우스 일행의 발목을 붙잡으려고 죽음의 노래를 부른다.

또 하나의 세이렌은 날개를 펼쳐 바다를 향해 수직으로 떨어지고 있다. 자신들의 유혹을 이겨낸 오디세우스의 슬기로움을 견디지 못한 세이렌이 마침내 자살하고 만다는 전설을 그대로 옮겨놓은 장면이다. 여기에 등장한 세이렌은 머리만 사람이고 나머지는 모두 새의 모습으로 그려졌다.

세이렌은 몸통이 여자지만 날개 달린 새의 모습을 지녔다. 그들이 부르는 애절한 노랫소리에 취한 뱃사공들은 모두 넋이 나가 검푸른 바다 속으로 몸을 던지고 말았다는 낭만적인 신화 속의 존재다. 10년에 걸친 트로이 전쟁을 마치고 그리운 고향으로 돌아가던 오디세우스도 세이렌이 지키는 이런 함정의 물목을 지나야만 했다. 그리스 영웅 가운데서도 교활함과 슬기로움의 상징인 오디세우스는 선원들이 견딜 수 없는 꾐을 듣지 못하도록 밀랍으로 귀를 막게 했다. 하지만 도전 정신과 호기심에 불타는 오디세우스가 이 유혹적인 노래를 듣지 않을 리 없다. 인간이기에 스스로 걷잡지 못할 자신의 몸을 미리 기둥에 묶게 한 채 혼을 빼놓는 호림을 가슴이 터지도록 감상했다. 인간이 자연의 시련을 극복하며 걸어왔던 길을 상징적으로 보여주는 장면이다.

이곳에서 안토넬로가 태어난 것은 1430년경이었다. 그가 이탈리아의 그림세계에 남긴 커다란 자취는 플랑드르 화풍과 그곳에서 발달한 유화 기법을 이탈리아 전통회화에 심어준 점이다. 선과 명암을 바탕으로 작업하던 이탈리아 전통에 색감을 중시하는 북구의 새로운 흐름을 끌어들인 셈이다. 더욱이 베네치아화파는 이로부터 그들의 결정적인 특성을 마련하였다.

이로 미루어 짐작되듯이 베네치아와 메시나에서 활동했던 안토넬로에게 가장 짙은 영향을 미친 인물은 북유럽의 천재화가 반 에이크였다. 플랑드르 지방을 돌아보지도 않은 안토넬로에게 북구 미술의 특성을 심어준 뿌리가 어디서 왔는지는 잘 알려지지 않았다. 다만, 나폴리에서 그림을 배우던 안토넬로가 거기서 반 에이크의 제단화를 보게 된 순간 그의 작품세계에

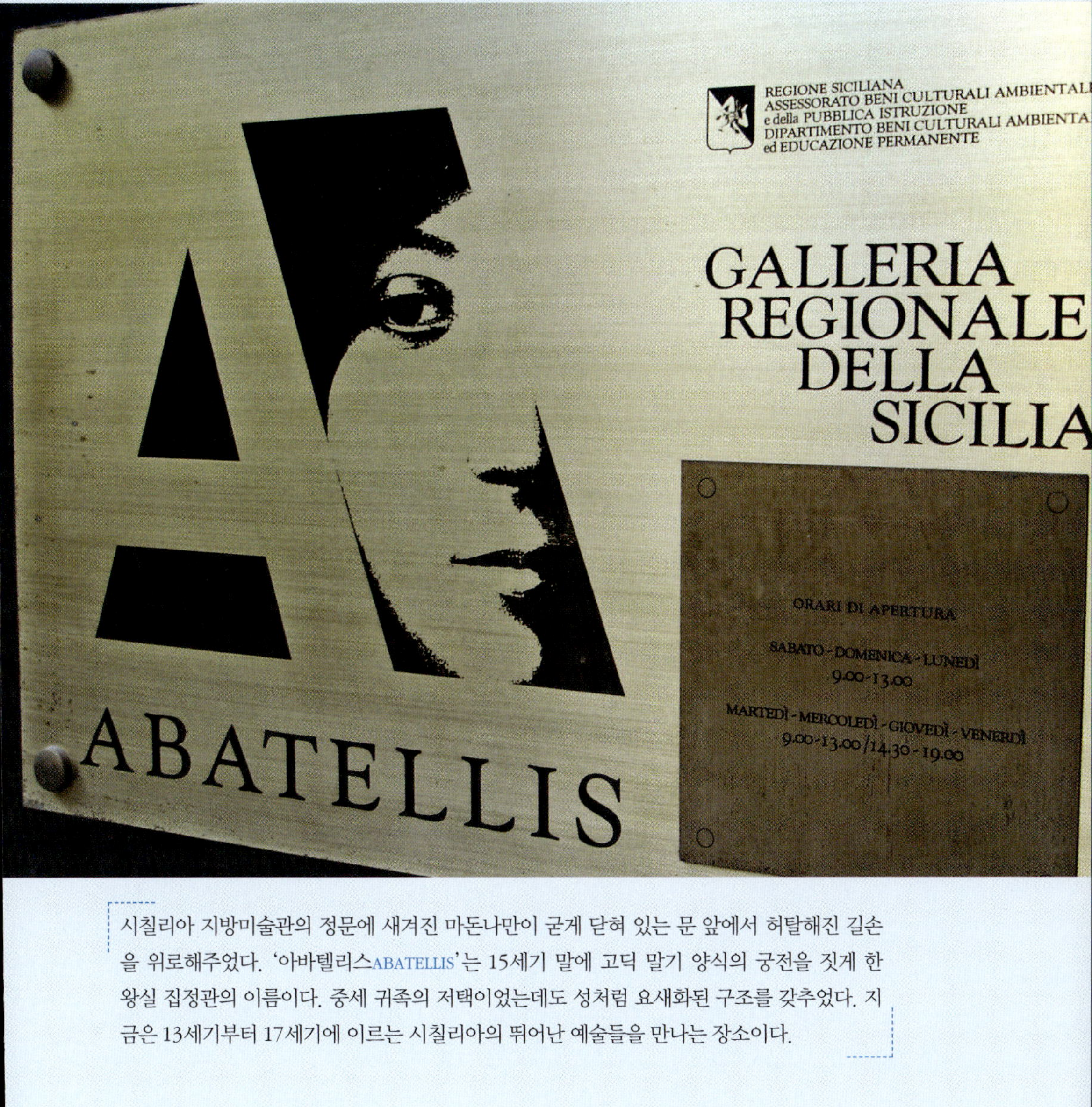

시칠리아 지방미술관의 정문에 새겨진 마돈나만이 굳게 닫혀 있는 문 앞에서 허탈해진 길손을 위로해주었다. '아바텔리스ABATELLIS'는 15세기 말에 고딕 말기 양식의 궁전을 짓게 한 왕실 집정관의 이름이다. 중세 귀족의 저택이었는데도 성처럼 요새화된 구조를 갖추었다. 지금은 13세기부터 17세기에 이르는 시칠리아의 뛰어난 예술들을 만나는 장소이다.

지울 수 없는 빛을 얻게 되었다고 전한다.

그 뒤로는 이탈리아 회화의 전통적 구도나 분위기와 더불어, 플랑드르의 세밀한 묘사와 사실주의 표현이 그의 작품 속에 어우러지게 섞였다. 이런 조화와 균형에 따뜻한 색감을 불어넣은 그의 작품은 베네치아화파의 전설적 존재인 조르조네가 나타날 수 있는 징검다리가 되었다. 이렇듯 안토넬로는 1400년대 이탈리아 회화에서 빼놓을 수 없을 만큼 중요한 화가였다.

그가 남긴 최고의 작품 가운데 하나가 그토록 직접 대면하길 바라며 찾아온 「성모영보의 마돈나」다. 그가 죽기 2년 전에 그린 이 조그만 초상화는 그를 대표하는 작품이 되었고, 또 시칠리아를 상징하는 그림이 되었다. 시칠리아 안내 책자에서 결코 빠지지 않는 이미지가 이 작품 속 마돈나이고 팔레르모 공항에 도착했을 때 첫눈에 띈 포스터에도 그녀의 모습이 들어 있었다. 미술관에 처음 갔던 날에도 문은 굳게 닫혀 있었지만 미술관 현관에 새겨진 그녀의 얼굴만은 실망한 길손을 홀로 맞아주었다.

어디에서도 찾아볼 수 없는 독특한 성모영보

간절한 마음이 어딘가에 닿았는지 다시 찾아온 미술관의 출입문은 활짝 열려 있었다. 달려 들어가 마돈나의 그림이 이곳에 있는지부터 확인해보았다. 그대로 있다는 말 한마디가 그동안의 조바심을 쓸어내린다. 2층으로 곧장 올라가 비잔틴 양식과 중세 시칠리아 화파의 그림들을 가볍게 스쳐 지나쳤다. 사방으로 눈길을 주면서 마돈나를 찾아가는 걸음이 거

프라 조반니 데 피에솔레 안젤리코, 「성모영보」 프레스코, 230×279cm, 1450년경

중세 수도사들의 영적 세계를 들여다볼 수 있는 피렌체 산 마르코 수도원에 발을 디디면 향불에서 피어나는 연기처럼 보일 듯 말 듯 사라지는 옛사람들의 자취가 느껴진다. 건물 2층에 수도사들의 몸 하나를 겨우 눕힐 만큼 좁은 침실들이 마련되어 있는데, 그리로 올라가는 층계 끝에 정말 믿기 어려울 만큼 놀라운 벽화가 갑자기 나타난다.

그 벽화 속의 성모영보는 환각 상태처럼 현실을 훌쩍 뛰어넘은 영혼의 세계를 보여주기에 충분했다. 모든 것을 버리고 오로지 하나를 찾는 수도의 고행 끝에 문득 찾아오는 신앙의 환희처럼 다가온 것이다. 이처럼 순결하고 투명하고 영혼을 울리는 작품을 만난 적이 없었다. 위대한 예술가이자 심오한 종교인이었던 안젤리코가 남긴 가장 거룩한 신앙 고백이다. 프레스코로 그려진 이 보물의 빛은 아직 살아 있다.

듭될수록 두근거리는 가슴의 설렘이 커져갔다. 여기까지 어렵사리 찾아온 수고가 온데간데없이 사라지고 어느새 기쁨으로 가슴이 벅차오르기 시작한다.

이 작품과의 인연은 성모영보의 그림들을 공부할 때 닿았다. 몇 년 전, 피렌체의 산 마르코 수도원에서 프라 조반니 데 피에솔레 안젤리코의 「성모영보」를 보면서 엄청난 감동을 받았다. 그 뒤로 성모영보를 주제로 한 작품들에 가는 관심이 절로 깊어갔다. 마드리드의 프라도 미술관과 코르토나의 디오세자노 미술관에서 만난 안젤리코의 또 다른 「성모영보」들도 잊히지 않는 추억으로 늘 가슴 속에서 빛나고 있다. 이 '영혼의 화가'에 대한 열정이 마침내 안토넬로의 「성모영보의 마돈나」를 찾아 나서는 길을 터주었다.

성모영보란 무엇인가? 흔히 일본식 표현을 아직도 따라하여 '수태고지'라고 부르는 것과 같은 내용이다. 이스라엘 북부의 갈릴리 호수에서 가까운 나사렛 마을에 마리아라는 처녀가 살았다. 마리아가 열여섯 살이 되던 어느 날, 천사 가브리엘이 나타나 그녀가 하나님의 아들 예수를 잉태하게 될 것임을 알려주었다. 예수가 태어난 날이 오늘날 우리가 믿는 대로 12월 25일이라면, 기원 1년 3월 25일에 있었던 기적이다. 그 내용은 성서의 누가복음 1장 26절에서 38절 사이에 적혀 있다. 지금도 나사렛의 그 자리에는 '성 성모영보' 교회가 세워져 있다.

난데없이 나타난 천사가 사내를 알지 못하는 처녀에게 아이를 갖게 될 거라는 말을 전하자 마리아는 처음에는 깜짝 놀란다. 곧이어, 지극히 높으신 분의 능력으로 이루어지게 됨을 전해 듣고서야 마리아는 두려움을 거두고 순종한다. 그 순간 하늘에서 내려온 성령이 그녀의 몸속으로 들어선다. 줄거리를 간단하게 줄여 이렇게 말할 수 있지만 이를 다루는 신학 연구와 예술은 그야말로 복잡하고 다양한 모양새로 꼬리에 꼬리를 물고 이어졌다.

숱한 성모영보의 그림 가운데 안토넬로의 「성모영보의 마돈나」가 유독 나의 관심을 끈 것은 작품의 엉뚱함 때문이다. 이 주제를 다룬 헤아릴 수 없이 많은 작품 중에서 등장인물이 마리아 하나뿐인 경우는 이 그림밖에 없다. 성모영보 작품의 등장인물은 최소한 두 명이다. 성경에 나온 이야기대로, 성모영보에는 동정녀 마리아와 천사 가브리엘이 빠지지 않는 주인공들이다. 거기에 덧붙여 성령을 상징하는 비둘기가 나오기도 하고 성부聖父인 하느님이 하늘에서 모습을 드러내기도 하고 다른 천사들이 함께 나타나기도 한다. 이런 등장인물들은 성모영보의 내용을 전하기 위한 기본적인 구성이다. 이 주제를 다룬 수백 점에 이르는 조각, 그림, 모자이크, 부조 작품들을 접했지만 마돈나 홀로 나온 작품은 이 작품 외에 달리 본 적이 없다. 오랜 시간이 지나는 동안 그 짝을 잃어버린 조각품이 낱개로 남아 있는 경우를 빼고서는. 안토넬로가 그린 「성모영보의 마돈나」는 이런 독특함이 관심의 촉각을 곤두세우게 했다. 이 그림을 보면 볼수록 작품 속에 가득한 매력과 풀리지 않는 여운, 만질 수 없는 신비스러움이 마음마저 끌어들였다.

팔레르모의 마돈나가 보여준 놀라움

드디어 안토넬로의 '마돈나' 앞에 섰다. 그림은 건물 벽에 걸려

안토넬로 다 메시나, 「성모영보의 마돈나」
나무판에 유채, 45×34.5cm, 1476~77, 시칠리아 지방미술관 소장

있지 않고 나무로 만든 얇은 칸막이 벽 속에 들어 있었다. 옛날에는 그림을 나무판 위에 그리면서 종종 그 뒤쪽에도 그림을 남겨놓곤 했다. 그런 경우 미술관에서는 감상자에게 양쪽의 그림을 다 보여주려고 칸막이처럼 생긴 벽 속에 그림을 끼워 넣고 돌아가며 감상하도록 배려하기도 한다.

이 그림이 나무판에 그려진 것은 알고 있었지만 뒤쪽에 다른 그림이 그려져 있다는 것은 알지도 듣지도 못했었다. 놀라움에 먼저 벽 뒤편으로 돌아가 보았다. 헌데 뒷면에 그림은 없었고 다른 그림도 걸려 있지 않았다. 뒷면에 그림이 있어서가 아니라, 오직 이 그림 하나를 위해 칸막이 벽을 만들고 그 속에 이 작품만을 따로 소중히 보관한 것이다.

작품 크기가 조그맣다는 것은 익히 알았지만 넓은 벽 속에 들어 있는 마돈나는 더욱 조그마하게 보인다. 널리 알려진 작품일수록 사람들 마음속에 크게 자리하는 까닭인지, 실제로 작품 앞에 서면 어리둥절해지는 경우가 많다. 가장 대표적인 예가 루브르 박물관에 있는 「모나리자」이다. 모르는 사람이 없을 만큼 낯익은 그녀를 눈앞에 둔 사람들은 직접 만나는 감동을 누리기보다 자신의 머릿속에 들어 있던 기대와 다르다는 데서 오는 충격에서 헤어나지 못한다. 그러기에 사진술과 인쇄술이 놀라울 정도로 발달한 오늘날에도 작품을 제대로 감상하려면 실물 앞에 섰을 때 비로소 가능한 법이다.

안토넬로의 마돈나는 너비 34.5센티미터, 높이 45센티미터 크기 속에 들어 있다. 신문지 한 면의 크기에도 못 미치는 이 작품은 사실 조그맣기에 더욱 놀랍다. 유럽의 많은 성당과 박물관에서 만난 성모영보 그림들 가운데 이처럼 조그만 공간에 성경의 극적인 내용을 모두 함축시켜놓은 작품을 만나지 못했다.

성모영보의 장면이 빠짐없이 등장하는 제단화는 대부분 웅장하다. 성모영보의 이야기를 다룬 조각상이나 모자이크 장식도 대부분 성당을 장식하기 위한 것이라 조그맣게 만들지 않았다. 또한, 기독교 신앙에서도 핵심 주제인 까닭에 성모영보를 다룬 작품들은 크기와 내용에서 큰 비중을 차지할 수밖에 없다. 그런데 가브리엘 천사도 없이 혼자 등장한 이 조그만 초상화 속에 심오한 성모영보의 이야기를 모두 압축시켜 나타냈으니 놀라울 따름이다.

성스럽지 않은 성모

어쩌면 이 그림이 성모영보의 내용을 담았다는 것을 전혀 눈치 채지 못할 수도 있다. 제목이나 내용을 모르는 감상자에게는 책 읽는 한 여자의 초상화로 받아들여질 것이다. 여자의 두 손 아랫부분을 가리고 보면 영락없는 당시의 초상화가 아닌가. 그런 착각을 불러일으키는 가장 큰 까닭은 마돈나의 얼굴이 마돈나의 얼굴이 아니기 때문이다.

마돈나를 그리거나 조각한 수많은 예술가 가운데 실제로 그녀를 본 사람은 아무도 없다. 모든 마돈나의 영상은 예술가의 상상이다. 아니면 성모의 이미지에 가장 가까운 모델을 찾아내어 앞에 세워두고서 그린 것이다. 대체 성모의 이미지란 어떤 것일까? '성모'라는 이름에서 말해주듯이 물론

성스러운 모습일 거다. 그러나 '성스럽다'는 것 자체가 추상적이기에 정해 놓은 표본이 있을 리 없다. 따라서 예술가가 창조해낸 성스러운 모습은 저마다 다를 수밖에 없다. 하지만 누구나가 그것을 보고 성스러움을 느끼게끔 만드는 공통점을 지니기 마련이다.

비록 추상적인 기준이지만 예로부터 받아들여졌던 성스러움의 전통적 흐름에 큰 파문을 던진 화가가 있으니, 바로 카라바조다. '세기의 반항아'였던 카라바조는 성당으로부터 주문 받은 「성모의 죽음」이란 그림에서 성모를 저잣거리의 여인네로 그려버렸다. 죽음을 맞은 마돈나는 맨발인데다 드러난 다리는 물에 빠져 불어난 듯이 퉁퉁 부어 있다. 허름하기 짝이 없는 옷에, 머리카락은 부스스한 채 널브러져 있는 이 여인을 성모라고 받아들일 사람들은 당시 아무도 없었다. 핏기 없는 얼굴조차 평범하기 그지없는 한 여자의 주검을 보여줄 따름이다. 머리 위의 얇은 후광이라도 없었다면, 그저 동네사람들이 모여 이웃집 여자의 죽음을 슬퍼하는 모습에 지나지 않았을 것이다. 그땐 완성된 그림을 보고 기겁한 사제가 한마디로 거절해버렸지만, 17세기로 들어서는 혁신적 작품 경향을 예언적으로 보여준 작품의 하나다.

카라바조의 이 작품보다 안토넬로의 「성모영보의 마돈나」는 130여 년 전에 그려졌다. 그런데 놀랍게도 이 작품 속 성모는 전통적인 틀을 벗어난 모습이다. 그녀는 기독교의 알맹이인 예수 어머니로서 이미지를 가졌다기보다 베일에 가려진 규방 여자의 분위기를 풍기고 있다. 한마디로, 흔히 알고 있던 성모의 얼굴이 아니다. 그 얼굴을 보고 있노라면 누구도 다가갈 수

카라바조, 「성모의 죽음」 캔버스 유채, 369×245cm, 1606, 루브르 박물관 소장

마치 연극의 마지막 장면을 보고 있는 듯하다. 어둠에 잠긴 무대 위로 극적 효과를 노리는 조명이 비치고, 그 빛을 받는 부분만 먼저 관객의 눈에 쏟아져 들어오기 때문이다. 그런 빛의 효과와 더불어, 등장인물들의 시선이 한쪽으로 모이는 곳에 한 평범한 여자의 시체가 적나라하게 놓여 있다.

이 여자가 성모라면, 어둠 속에 잠겨 있는 나머지 인물들은 열두 명의 사도인 셈이다. 그들의 존재마저 종교적 성격이나 개인의 특징이 중요시되지 않았기에 누가 누구인지조차 분간하기 쉽지 않다. 성모의 발치에 서 있는 첫 번째 남자가 베드로, 성모의 다리 곁에 무릎 꿇고 가장 애통해 하는 젊은이는 요한이 아닐까 추측하는 정도다. 맨 앞쪽의 낮은 의자에 앉아 머리를 파묻고 울고 있는 여인이 마리아 막달레나임을 그나마 어렵지 않게 헤아릴 수 있다.

왼쪽 상단에서 들어오는 빛은 무겁도록 캄캄한 공간을 강하게 가른다. 막달레나의 목덜미에서부터 성모의 얼굴과 몸통을 거쳐, 눈물을 닦고 있는 사도의 대머리를 잇는 빛의 연결이 그림에서 가장 밝게 빛나는 부분이다. 이것들은 어둠과 대조를 이루면서 감정의 표현과 공간의 깊이를 창조해낸다. 표현기법뿐만 아니라, 종교적 해석에 전혀 개의치 않는 작가의 개성이 거침없이 실린 이 작품은 선구자의 용기를 보여준다. 천재의 앞서감을 이해할 리 없는 로마의 시민들은 테베레 강에서 건져낸 창녀의 시신을 모델로 성모를 그렸다고 그저 입방아들을 찧어댔다.

없는 차가운 신성함이 느껴진다. 그런가 하면 애써 감추려 해도 어디선가 스며 나오는 관능의 아름다움이 함께 뒤섞여져 어지러운 혼란을 일으키기도 한다. 내리깐 채 초점조차 잡히지 않은 그녀의 먼 눈길을 따라가면 더욱 갈피를 잡기 어렵다.

파격을 증언하는 두 마돈나

안토넬로가 그린 또 다른 성모영보 작품들과 견주어보면 이 그림이 지닌 신비에 조금 더 가까이 다가갈 수 있다. 하나는 1474년에 그린 것으로 시칠리아의 매력적인 도시인 시라쿠사에 소장되어 있다. 다른 하나도 같은 시기의 것으로 독일의 정서가 가득한 뮌헨에 있다. 시라쿠사에 소장된 「성모영보」는 드물게도 한 변이 180센티미터에 이르는 정사각형 형태이며 성모영보 작품의 전통적 본보기를 그대로 따른 그림이다.

성모는 그림의 오른쪽에, 천사는 왼쪽에 자리하는 기본적인 틀을 지켰다. 예수의 상징인 돌기둥이 두 인물을 나누어놓은 것은 이탈리아의 「성모영보」 양식에서 자주 나오는 모양새다. 마돈나의 뒤쪽 공간에 침실이 보이는 것이나 유리창을 지나 성모에게 날아드는 성령의 비둘기도 한결같이 전통적인 「성모영보」 그림의 기본 틀을 따랐다. 한편, 어두운 실내와는 달리 창문 바깥의 밝은 풍경에 담긴 세밀한 묘사에서 플랑드르 화풍을 받아들인 안토넬로의 특징이 나타난다.

두말할 나위 없이, 두 손을 가슴에 포개어 하나님의 뜻에 순종하는 순간

안토넬로 다 메시나, 「성모영보」
나무판에 씌운 천에 유채, 180×180cm, 1474, 시라쿠사 벨로모 궁 지방갤러리아 소장

손상이 많이 되어 마치 타오르는 불꽃 속에 들어 있는 듯한 착각을 주는 이 작품은 꼼꼼하면서도 단단한 느낌을 주는 안토넬로의 특색을 물씬 풍긴다. 또한, 비슷한 시기에 그려진 그의 대표작인 「독서 중인 제롬성인」을 떠올리게 한다. 전경에 조그만 물체가 자리하고, 가운데 실내엔 인물이 등장하고, 밝은 바깥의 먼 풍경이 유리창으로 들어오는 구도가 비슷하기 때문이다. 빛이 가득한 창문 바깥에 자연과 마을과 사람들을 세밀하게 그려 넣는 플랑드르 화풍이 나타나는 것도 「독서 중인 제롬성인」과 같다.

의 마돈나를 그린 장면이다. 맞은편에 무릎을 꿇은 천사는 오른손을 들어 성모에게 영광스런 축복을 전한다. 닿을 듯이 가까워진 성령은 성모의 몸속으로 막 들어가려 한다. 여기에 나온 여인이 마돈나임에 누구라도 이의를 달지 않을 모습이다. 화려한 다마스크 천으로 만든 붉은 옷과 하늘색 망토를 걸친 모습은 청순하고 순종적인 자태를 잃지 않았다. 금 쟁반에 기하학 무늬를 새겨 넣은 듯한 두꺼운 광배光背도 마돈나의 머리 뒤에서 성스러움을 확인시켜준다.

비록 표면이 많이 망가지기는 했지만 다행히 흥미로운 부분이 남아 있다. 아슬아슬하게 표면이 벗겨지지 않은 그림 앞부분을 보면 선인장 하나가 파란 마욜리카 도자기 화분에 심겨 있다. 일반적으로 성모영보의 그림에 나오는 식물은 성모의 순결을 상징하는 백합이다. 그런데 안토넬로는 백합 대신 시칠리아에 흔한 선인장을 그려 넣었다. 시칠리아 섬에는 더운 날씨 때문에 갖가지 종류의 선인장이 어디서든 무성하게 자라기 때문일까? 그럼으로써 이 그림을 주문한 성당의 주민들을 기쁘게 하려는 화가의 선물이었을까? 고독을 상징하는 선인장을 보여줌으로써 인류를 위해 희생을 치를 예수의 어머니가 갖게 될 깊은 고독감을 나타내 보인 걸까?

뮌헨의 바이에른 주립미술관에 보관된 또 다른 「성모영보의 마돈나」는 더 실감나게 비교해볼 수 있는 작품이다. 팔레르모에서 만난 마돈나와 너무 닮았기 때문이다. 크기도 비슷할 뿐 아니라 마돈나가 혼자 등장하는 것까지 똑같다. 검은 색감의 단순한 배경에 푸른 천을 두른 삼각형 구도도 판에 박은 듯이 닮았다. '이사야의 예언서'를 읽고 있다는 짐작 말고는 모든

안토넬로 다 메시나, 「성모영보의 마돈나」
나무판에 유채, 42.5×32.8cm, 1473~74, 뮌헨 바이에른 주립미술관 소장

이사야의 예언서를 앞에 펼치고 마리아는 극도의 놀라움과 주체하기 힘든 혼란스러움과 아직 다스리지 못한 감동을 드러내며 순간적으로 멈춰 있다. 내면의 흔들림이 드러나지 않은 채로 닫혀 있기에 터질 듯한 긴장이 침묵 속에 흐른다. 천사가 생략되어 압축된 구도는 그림의 긴장감을 더욱 팽팽하게 만들어준다. 오로지 어린 처녀의 상반신을 화폭에 가득 채운 작가의 의도 또한 이 작품의 생명감을 키워준다. 성모 바로 곁에까지 다가가서 지켜볼 수 있는 그 순간의 현장감을 감상자들에게 낱낱이 전해주기 때문이다.

세부적 상황을 걷어낸 추상적 구성까지 서로 다를 바가 없다. 중요한 것은 팔레르모의 것과 견주어 긴장감이 많이 떨어진다는 점이다. 마돈나의 신비한 매력이 훨씬 못 미친다.

　같은 화가의 손으로 그려진 작품이지만 뮌헨과 팔레르모의 마돈나에서 느껴지는 분위기가 얼마나 다른지 쉽게 느낄 수 있다. 3,4년 먼저 그려진 뮌헨의 마돈나는 아직 숫처녀의 앳된 모습이다. 있는 그대로의 것이 모두 드러나는 순수함에 젖어 있다. 하지만 화가가 죽기 2년 전에 그린 최후의 걸작 속에서 빛나는 마돈나에는 그 누구도 넘볼 수 없는 엄격함이 서려 있다. '머언 먼 젊음의 뒤안길에서 이제는 돌아와' 국화 옆에 선 성숙함이 내비친다.

　시라쿠사의 마돈나에는 견줄 바가 못 되지만 뮌헨의 마돈나도 황금색 얇은 선으로 표현된 후광을 달고 있다. 오로지 팔레르모의 마돈나에게만 아무런 광배가 나타나지 않는다. 여러 각도에서 분석해봐도 팔레르모의 마돈나는 일반적인 성모영보 그림에 나오는 성모들과는 몹시 다르다. 그 색다름은 붙잡기 힘든 신비감과 더불어 이 그림만이 가진 대단한 매력을 뿜어내는 바탕이 되었다.

헤어날 수 없는 마력

　　　　　　　　둘만의 만남을 방해하는 사람 없이 팔레르모의 마돈나 앞에서 보낸 30분의 시간은 참으로 행복하고도 아쉬웠다. 행복함은 보고픈 마음이 마침내 만남으로 이루어진 기쁨에서 오는 것이고 아쉬움은 마돈나에 감춰진 신비를 풀려 했던 자만심에서 나온 것이다.

직접 작품 앞에 섰을 때 제일 먼저 눈에 띈 것은 성모를 감싸고 있는 푸른색의 오묘함이었다. 사진으로도 검은 바탕에서 튀어나오는 푸른 빛깔이 빼어났지만 실제 작품에 들어 있는 색감은 형용하기 힘들 정도다. 바탕은 칠판보다 짙어 칠흑처럼 깊은 색감을 띠고 거기에 받쳐진 푸른색은 자연에서나 만날 수 있는 빛으로 사람의 손으로 빚은 색이라 믿을 수 없을 정도다. 투명하기도 하고 형광 빛을 내는 것 같기도 하고, 그러면서도 그 속에 들어 있는 몸의 질감까지도 그대로 드러내줄 만큼 기막히다.

500년이 넘는 시간이 지나면서 푸른색은 사실 많이 바랬다. 군데군데 그나마 색깔이 덜 바랜 부분과 그 나머지 부분이 서로 견주어질 만큼이다. 그러나 그 낡은 부분마저 전혀 눈에 거슬리지 않고 오래된 골동품에서 우러나오는 멋과 신비로움처럼 얼룩져 있다.

마돈나의 표정과 눈길의 깊이를 가늠하기도 어렵지만 성모의 자세에서 드러나는 의미도 헤아리기 힘들다. 성경에 씌어진 성모영보의 이야기가 진행되는 단계는 대체로 네다섯 과정으로 나뉜다. 가브리엘이 마리아에게 "아베 마리아"라고 인사를 하고, 천사의 갑작스런 출현에 마리아는 깜짝 놀라며, 가브리엘이 신의 뜻을 전하고, 마리아가 거기에 대한 물음을 갖자 그 답변을 듣게 되고, 천사를 통한 하늘의 말씀이 마침내 받아들여지면서 마리아가 복종하는 순서를 밟는다.

팔레르모의 그림은 여러모로 따져볼 때 수락의 단계를 표현했다고 보는

안토넬로 다 메시나, 「성모영보의 마돈나」의 부분

것이 알맞을 것이다. 그럼에도 두 손을 얌전히 가슴에 대어 복종의 뜻을 분명하게 드러낸 뮌헨의 그림과는 달리, 팔레르모 마돈나의 속마음은 감상자의 눈에 확실하게 들어오지 않는다. 팔레르모의 마돈나는 왼손으로 푸른 베일을 여미고 오른손은 손바닥을 펼쳐서 앞으로 내밀었다.

성모영보를 다룬 많은 작품에서 신의 섭리를 받아들이는 마돈나의 태도가 한결같지는 않다. 신의 뜻을 받아들이는 순간을 나타낸 그림의 유형으로 좀 더 깊이 들어가면 성모의 몸가짐은 복종과 수락으로 나뉜다. 전적으로 순종한다는 표현은 두 손을 가슴에 포개어 절실하게 받아들임을 강조하는 모양새다. 수락할 때는 두 손을 앞으로 내밀어 뻗는 모양새를 갖춘다. 이때는 하늘의 뜻을 받아들이는 정도가 조금은 덜해 보인다. 한편, 놀라움이나 두려움을 나타낼 때는 몸을 돌리거나 옷자락을 여미는 자세로 표현된다. 팔레르모의 마돈나는 어떤 몸짓을 하고 있었나? 어딘가 넋이 한 자락 빠진 듯 손으로는 온몸을 감싼 베일을 여미고 한 손은 펼쳐서 앞으로 내밀었다. 두려움과 수락의 감정을 동시에 나타낸 걸까?

이때, 지극히 높으신 분의 은혜를 받아들인 마돈나는 부끄러움이 채 가시지 않은 상태에서도 이루 말하기 힘든 환희에 넘치는 모습으로 표현되는 게 일반적이다. 하지만 팔레르모의 마돈나에서는 보일 듯 말 듯한 미소가 언뜻 느껴질 뿐 억누를 수 없는 기쁨이 비치진 않는다. 뭔가 감추어진 아리송함이 느껴지는 건 무슨 까닭일까?

꿈길보다 더 깊은 눈길에서 그 비밀을 찾아내려 하면 할수록 궁금증은 더 미궁 속으로 빠져들고 만다. 예수의 태어남을 알리는 성모영보. 그 내용 자체가 뒤를 이어 닥쳐올 예수의 수난과 죽음을 함께 암시하기 때문인지도 모른다. 자신의 삶을 마감할 즈음의 안토넬로는 삶과 죽음이 서로 다른 것이 아니라 서로 맞물린다는 진리를 깨달았기에 구세주의 탄생과 죽음을 한데 묶어서 「성모영보의 마돈나」로 나타낸 것이 아닐까.

이 그림 속에는 2,000여 년 전의 역사적 장면이 바로 이 순간에 벌어지는 듯 생생하게 담겨 있다. 아직 가시지 않은 놀람과 두려움이 야릇한 색감의 화면 곳곳에서 배어 나온다. 천사의 기별을 들으며, 그 뜻을 받아들이며, 무한한 기쁨이 스쳐가는 성모영보의 모든 내용이 그림 속의 마돈나에게 스며들어 있다. 압축된 표현의 극치다. 거룩한 성모라는 틀에 박힌 모습이 아니다. 베일 뒤에 가려진 매력과 신비로움을 지닌 수수께끼의 마돈나다. 그와 더불어, 이 조그만 그림 속에는 터질 듯한 응어리가 있다. 아무런 움직임 없이, 더할 나위 없이 고요한 장면 뒤에 가려져 있을 따름이다. 이 모든 것들이야말로 엄청난 자기력으로 나를 시칠리아로 끌어들인 안토넬로 마돈나의 마력일 것이다.

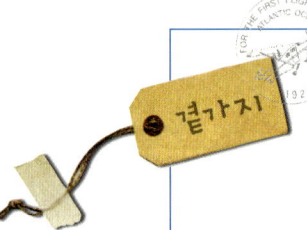

피할 수 없는 오직 하나,
죽음

　산을 올라가는 사람은 오직 한 가지를 마음에 품지만 산을 내려오는 사람의 가슴속에는 여러 감정이 엉켜 일렁이는 법이다. 벼르던 목적을 마침내 이루고 난 순간, 붙들었던 것이 툭 끊겨버리고 그 구렁으로 갖은 상념이 밀려들기 마련이다. 그런 공백을 메울 시간도 없이 정적을 깨는 소리가 가까워지기 시작한다. 떠들썩하게 몰려드는 관람객들이 둘만의 공간에 끼어들기 전에 작별의 마지막 눈길을 마돈나에게서 거둔다. 돌아서는 마음속은 아쉬움보다도 더 짙은 공허함에 휩싸인다.

　바로 그때, 나가는 길 2층 난간 아래로 마주친 넓은 벽에 커다란 벽화 하나가 펼쳐진다. 「죽음의 승리」라는 작품이다. 곱씹을수록 뜻 깊고 멋진 표현이다. 중세 유럽 사람들의 생각을 읽을 수 있는 글귀다. 마땅히 그렇겠지만 그때의 사람들의 죽음에 대한 생각은 요즈음과 달랐다. 인간이 살다 죽음을 맞는 것은 아무도 돌아오지 않은 미지의 영역으로 들어가는 것이 아니었다. 그들은 아무도 이겨낼 수 없는 죽음의 사자가 나타나 인간을 죽음의 세계로 데리고 간다고 믿었다.

중세 유럽인들의 그런 믿음의 뿌리가 굳게 내려진 자리에는 흑사병과 기독교가 있다. 1347년에 동양의 내륙에서 넘어간 흑사병이 온 유럽을 휩쓸면서 그곳을 지옥으로 만들어버렸다. 정확히 무엇인지도 모르는 상태에서 어느 누구도 가리지 않고 시커먼 송장으로 만들어버리는 이 죽음의 재앙은 인류의 역사를 바꿔버릴 만큼 엄청났다. 유럽 전체 인구의 3분의 1 정도가 삽시간에 사라졌고 1400년쯤까지 죽음의 그림자가 연거푸 유럽 대륙을 암흑의 땅으로 뒤덮었다.

쥐벼룩에 의해 무서운 속도로 전염되는 이 병에 걸리면 사나흘 만에 싸늘한 주검으로 바뀌어 그냥 버려져야만 했다. 갑작스럽게 영문도 모른 채 시작되어 40도가 넘는 열병에 시달리다가 구토와 설사에 이어 빠르게 죽어가는 이 질병은 당시 서구 사회의 가장 커다란 두려움이었다. 사회의 모든 분야를 송두리째 바꾸어버린 변혁의 회오리바람이었다. 인간의 능력으로는 도저히 걷잡을 수 없는 이 커다란 힘은 초자연적인 존재로부터 나왔다고 받아들여질 수밖에 없었다.

이를 교묘하게 선전하고 나선 것이 교회였다. 이 끔찍한 재앙이야말로 기독교 신앙을 지키지 않는 인간들이 저지른 죄를 벌하기 위한 천벌이라고 주장한 것이다. 거기에 따른 죄의식을 사람들의 마음속에서 끌어내고 두려움을 불러일으켰다. 교회를 통해 안식을 되찾고 무서운 악마의 저주에서 벗어나라고 당시의 교회들은 외쳤다. 더구나 이 무서운 저주에 걸리면 온몸이 검게 타들어가고 밝은 빛을 견뎌내지 못하는 악마적 증세를 일으키기에 깨치지 못한 사람들을 교회의 울타리 안에 꼼짝 못하고 가둘 수 있었다.

죽음 그 자체의 두려움보다 사탄의 손아귀를 벗어날 수 없다는 공포가 사람들을 더 질리게 만들었다. 문학에서 그림에 이르기까지, 이런 중세의 생각을 담은 '죽음의 승리'는 시대와 장소에 따라 갖가지 모양으로 표현되었다. 1347년 대재앙의 출발점이었던 시칠리아에서도 결코 지워지지 않을 악몽의 시련들이 일어났다. 그로부터 100년의 시간이 지난 뒤에 만들어진 「죽음의 승리」는 페스트와 중세의 종교관으로 말미암아 가슴에서 지워지지 않은 그들의 상처를 보여준다.

첫눈에는 그저 커다란 회색 덩어리에 지나지 않다가 볼수록 벽화 속에 담긴 이야기들이 차츰 살아나온다. 그 누구도, 그 무엇으로도 이겨낼 수 없는 죽음의 기사가 백마를 타고 모든 인간을 짓밟으며 달려간다. 말굽 아래에는 죽음의 화살을 맞은 온갖 종류의 인간들이 쓰러져 있다.

「죽음의 승리」 부분 프레스코, 1450년경, 시칠리아 지방미술관 소장

이상하게도 교황, 주교, 사제 등의 고위 성직자가 유난히 눈에 많이 띈다. 흑사병을 걷잡을 수 없었던 시기에 오히려 성직자들이 더 많이 희생되었음은 역사적 사실로 남아 있다. 페스트균을 지닌 쥐벼룩이 사람의 피를 빨 때 주로 감염되는 이 병의 특성상 자연히 사람이 많은 지역일수록 더 큰 피해가 났다. 인구밀도가 낮은 농촌보다는 도시가 심했고 그 가운데서도 수도사들이 한곳에 모여 사는 수도원이 가장 큰 타격을 입었다.

죽음이 훑고 간 자리에는 힘없는 백성의 목숨을 쥐고 있던 왕과 귀족과 궁중부인들마저도 그 굴레에서 빠져 나오지 못하고 한데 널브러져 있다. 죽음의 기사 앞에 쓰러진 사람들 중 성직자와 상류층 인물들을 한층 많이 그려놓은 것은 비록 이 세상에서 힘 있는 그들도 죽음 앞에서는 지푸라기 신세와 다름없음을 강조한 바다.

죽음의 기사가 지나가고 난 뒤에도 살아남은 사람들은 되레 보잘것없는 사람이거나 은둔하는 수도사들이다. 이름이 알려지지 않은 이 화가는 이미 15세기에 사회주의 정신을 일구었거나 계급 타파의 혁명적 이상을 꿈꾸던 인물이었나 보다. 어떠한 신분도 차별하지 않는 죽음 앞에서 드러난 작가 정신이 수백 년의 시간 속에서 빛난다.

작가의 서명은 찾아볼 수 없지만 자신의 모습을 벽화 한 귀퉁이에 남겨놓았다. 죽음의 기사가 지나간 뒤편에서 기도하는 가난한 무리 속에 작가가 섞여 있다. 오른손으로는 붓을 쥐고 왼손에는 작업도구를 잡은 인물이다. 작품 속에 이름 대신 자신의 모습을 남겼던 그 시대의 여느 화가들처럼 이 벽화를 그린 주인공도 정면을 보고 있다. 작품이 사라지지 않는 이상, 시간이 흘러도 감상자의 가슴속에 그대로 와 닿는 눈빛이다.

아직 죽음의 사자가 이르지 않은 벽화 오른쪽 부분에는 생명과 사랑과 기쁨을 상징하는 분수에서 맑은 물이 솟아오른다. 곧 죽음이 다가올 것을 모르는 이들은 사냥을 즐기려고 매를 손등에 올려놓았다. 모여서 악기를 연주하거나 줄을 고르면서 젊음을 노래한다. 그 곁에 모인 귀부인들은 서서히 드리워지는 죽음의 그림자를 알지 못한 채 화려한 옷을 차려입은 모습이다. 생의 덧없음을 멜랑콜리로 수놓았다. 빠져나갈 수 없는 죽음이기에 한 번 주어진 짧은 삶을 허무하게 잃게 되는 아픔이 배어 나온다.

크기나 내용 모두 대단한 이 벽화를 보았을 때 가장 인상적이었던 것은 죽음의 기사가 탄 말의 머리였다. 벽화의 한가운데서 모든 것을 억누를 만

한 기세와 크기로 등장한, 죽음을 몰고 다니는 해골을 태운 이 백마가 20세기의 피카소를 떠올리게 했기 때문이다. 그런 뜻하지 않은 만남으로부터 생각의 시위를 떠난 기억은 「게르니카」로 곧장 날아가 꽂힌다. 머리통을 두 쪽으로 쪼개놓은 반쪽짜리 말 머리는 500여 년의 시간을 뛰어넘어 현대미술의 추상적 표현과 판에 박은 듯이 닮은꼴을 보여준다.

「게르니카」에도 그림 한가운데에 절규하는 말 머리가 등장한다. 에스파냐 내전이 한창이던 1937년 4월 26일이었다. 에스파냐와 프랑스 국경 지

파블로 피카소, 「게르니카」의 부분,
천에 유채, 349.3×776.6cm, 1937, 마드리드 레이나 소피아 미술관 소장

역에 자리한 바스크 민족의 신성한 도시인 게르니카는 파시즘의 폭격으로 끔찍하게 부서지고 학살당했다. 1930년대의 복잡한 정치 이념이 맞부딪혔던 전쟁이지만 군사적으로나 전략적으로 아무런 가치가 없는 역사적 도시를 무차별 공습하여 수많은 양민들을 죽였던 것은 인류 역사에 커다란 부끄러움으로 남았다. 비록 인간이 저지른 전쟁으로 인한 비극이지만 닥치는 대로 생명을 앗아가는 페스트의 재앙과 다를 바가 없다.

    피할 수 없는 죽음과 피했어야만 했을 죽음을 다룬 두 작품에서 인상적인 말 머리가 극적인 순간에 나란히 등장한다. 죽음의 기사를 태운 백마는 목숨을 거두어가는 죽음을 상징하여 해골의 모습을 하고 있다. 더구나 말 머리 표현은 매우 현대적이어서 시간마저 뛰어넘은 듯하다. 폭격으로 폭발하는 것 같고 빛을 뿜는 태양 같고 전능한 신의 눈 같기도 한 밝은 전등 빛 아래서 울부짖는 피카소의 말 머리 또한, 시간을 초월하여 인간의 아픔을 드러내는 상징으로 남겨졌다.

    '죽음의 승리'란 같은 제목의 작품 가운데서 가장 유명한 것은 피터르 브뤼헐이 1562년에 그린 유화다. 무엇 하나 살아남을 수 없는 악몽 같은 풍경이 펼쳐진다. 곳곳에서 무시무시한 장면들이 절망처럼 벌어지고 있다. 결코 이겨낼 수 없는 죽음의 군대가 모든 인간을 죽음의 구덩이로 몰아넣

피터르 브뤼헐, 「죽음의 승리」
나무판에 유채, 117×162cm, 1562, 마드리드 프라도 미술관 소장

왼쪽 위 말 위에 죽음의 낫을 휘두르는 해골이 타고 있다.
오른쪽 위 추기경은 자신과 똑같은 모자를 쓰고 그를 조롱하는 해골에게 이끌려 죽음에 이른다.
아래 죽음이 반주하는 줄도 모르는 채 여자에게 사랑을 노래하는 젊은이도 있다.

는 이 혼돈의 장면이야말로 죽음의 승리를 웅변한다.

　이 그림 한가운데에도 기다란 죽음의 낫을 휘두르는 해골이 말 위에 타고 있다. 쫓기는 인간들을 죽음의 문턱으로 내모는 중이다. 이 그림 역시 죽음 앞에서는 신분의 위아래가 없다. 왕은 모래시계를 든 해골의 손아귀에 들려 있다. 똑같은 모자를 쓰고 그를 조롱하는 해골의 부축을 받으면서 추기경도 죽음의 길로 끌려간다. 죽음이 바로 뒤에서 비올라를 같이 반주하는 줄도 모르는 채 여자에게 사랑의 세레나데를 부르는 젊은이도 나온다.

　시칠리아에서나 플랑드르에서나 죽음의 승리는 같은 모습으로 인간에게 다가온다. 브뤼헐은 죽음의 승리를 좀더 극적이고 환상적으로 나타냈을 뿐이다. 바다에서 배가 가라앉고 하늘로 불길한 연기들이 자욱하게 올라간다. 죽음이 갖은 모양으로 승리를 거두는 땅에서는 이미 지옥을 방불케 하는 아수라장이 벌어졌다. 16세기 사람들의 가슴 속에 담긴, 죽음보다도 더 무서운 죽음의 관념이 브뤼헐의 붓끝을 거쳐 펼쳐져 있다.

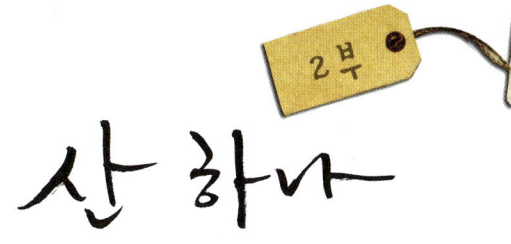

산 하나

하얀 봉우리의 에트나는 더없이 숭고해 보인다.
새파란 지중해의 바닷물을 껴안는 해안선은
문득 이곳이 섬이라는 사실을 일깨워준다.
바다가 있고 그 속에 섬이 있고 그 속에 산이 있다.

드디어, 에트나와 마주서다

변덕스러운 에트나

　　　　　아침 일찍 일어나 발코니로 나가니 에트나 산이 저기에 있다. 아직 완전히 깨어나지 않은 하늘가로 옅은 구름들이 어디론가 빠르게 지나간다. 에트나의 윗부분은 구름 속으로 잠겼지만 짙은 색조를 띤 듬직한 산 아랫부분은 눈에 보이지는 않아도 엄청난 힘을 발산하고 있다. 날이 차츰 밝으면서 분화구에서 흰 연기를 뿜는 산이 거대한 모습을 드러낸다.

　북쪽 산봉우리는 온통 하얀 눈으로 뒤덮여 있다. 남쪽 봉우리에는 눈이 녹아 드러난 검은 자락이 길을 닦아놓은 듯이 산 아래로 늘어뜨려졌다. 얼마 전에 등선을 따라 용암이 흘러내렸던가 보다. 그 산기슭에 자리한 산동네의 굴뚝에서는 아침 연기가 조용히 피어오르고 멀리서 새소리와 개 짖는 소리가 아침인사처럼 들려온다.

아직 어둠이 다 가시지 않은 산마을은 잠에서 깨어나지 않았다. 그 뒤로 제주도 오름 같은 낮은 분화구들이 여명의 수면 위로 하나씩 떠오른다. 흘러내린 용암 자국이 드리워진 남쪽 정상과 눈 덮인 북쪽 봉우리가 마침내 에트나의 이름으로 희미하게 제 모습을 드러냈다. 멈추지 않고 솟아오르는 분화구의 연기들은 하늘의 구름 속으로 곧장 들어간다. 산 조반니 라 푼타에서 바라본 에트나의 모습이다.

드디어 마주하게 된 에트나는 멀리서 찾아온 이의 온 마음을 사로잡는다. 내가 있는 곳은 에트나로 가는 길목에 있는 산마을 '산 조반니 라 푼타'다. 간밤에 이곳에 도착했는데 일찍 내리는 어둠 때문에 산을 보지 못했다. 산이 잘 보이는 방의 열쇠를 건네준 호텔 주인은 내일 산이 보일 수도 있고 아닐 수도 있다고 했었다. 참으로 심오한 말이지만 나그네에게는 밤새 조바심을 가누지 못하게 만든 얄미운 웃음엣소리다.

에트나는 자신을 여간해서는 잘 보여주지 않는다. 높은 산봉우리가 곧잘 구름 속에 가려 있는 탓이다. 날씨가 맑다 해도 잠시 모습을 드러냈다가 금방 구름 속으로 사라지곤 한다. 묻지도 않았는데 에트나의 현재 산 높이가 3,340미터라고 호텔 주인이 일러준다. '왜 현재의 높이냐'고 되물으니 워낙 화산이 자주 터져서 산 높이가 항상 다르기 때문이라며 웃는다. 자료들을 찾아보니 실제로 3,350미터, 3,323미터, 또는 3,360미터로 각기 다르게 표시되어 있다. 에트나의 변덕은 쉬지 않고 바뀌는 산꼭대기 높이로 가늠할 수 있는 모양이다.

멈추지 않는 에트나의 분노

밤새 마음에서 놓지 않은 바람 덕분이었는지 잠시나마 제 모습을 드러냈던 에트나는 아침 기운이 사그라지자마자 구름 속으로 다시 사라졌다. 시칠리아에서 그를 볼 수 있었던 며칠 동안 어김없이 지켜진 '에트나의 법칙'이다. 해가 뜨기 전에 잠시, 해가 지기 전에 잠깐. 아쉽게도 에트

시칠리아를 떠나기 전날 아침, 에트나는 마지막 선물처럼 푸른 하늘 아래 제 모습을 뚜렷하게 드러냈다. 산은 하얀 미사보를 머리에 쓴 듯하고 구름은 하늘로 올라가는 미사곡마냥 퍼져나간다. 아침 햇살이 가득 담긴 베란다에서 마주한 이 정경은 인생의 여정에서 결코 잊어버릴 수 없는 눈부신 순간이었다. 타오르미나에서 바라본 에트나.

나는 이렇게 짧은 순간에만 자신의 꼭대기를 우러러보도록 허락했다. 그 짧은 순간을 제외한 대부분의 시간에는 구름이나 어둠 속에 정상을 감춰두었다.

북에서 남으로 길게 이어진 에트나의 산봉우리들은 바라보는 방향에 따라 그 모습이 달라 보인다. 에트나를 처음 본 곳은 로마 문명의 유산을 그대로 만날 수 있는 카살레의 빌라 로마나에서 해안도시인 카타니아 방향으로 가던 19번 고속도로 위였다. 차창 바깥으로 내내 스치던 들판에 갑자기 나타난 산은 그야말로 '거대하다'는 느낌을 머릿속에 새기고도 남을 정도로 인상적이었다. 산꼭대기에 흰 구름을 두른 산은 누가 일러주지 않아도 에트나임을 금방 알아차릴 수 있을 만큼 당당하고 웅장했다. 남서쪽에서 바라보던 이때의 모습은 잘생긴 삼각형이었다.

에트나 남동쪽의 산 조반니 라 푼타에서는 높이 솟은 두 개의 봉우리가 비스듬히 보인다. 눈이 많이 녹은 남쪽 봉우리가 앞에 나타나고 눈 덮인 북쪽 봉우리가 그 오른쪽 뒤편을 받치고 있다. 북동쪽에서 에트나를 바라볼 수 있는 아름다운 휴양도시인 타오르미나에서는 산자락을 길게 퍼뜨린 삼각산을 다시 보게 된다. 이때는 눈 덮인 북쪽 산이 남쪽 산봉우리를 가려 에트나의 모습을 하나의 하얀 삼각형으로 만들기 때문이다.

시칠리아를 떠나기 위해 들른 카타니아에서 마지막 모습을 드러낸 에트나는 검은 용암의 산봉우리를 앞장세웠다. 카타니아에서 멀지 않은 화산 분화구에서 흘러내려온 용암이 도시를 완전히 뒤덮었던 기억을 되살려주듯이 매우 위협적이다. 눈 덮인 북쪽 산은 떨어지지 않는 쌍둥이처럼 그 뒤

호텔 창문 밖으로 보이는 카타니아의 정경은 어딘가 모르게 한국의 5,60년대 풍경을 닮았다. 시내 코앞에 솟아 있는 에트나가 서로 맞댄 지붕들 뒤에 숨듯이 자리 잡았다. 붉은 기와 지붕들이 올망졸망 이어진 집들은 낡고 허름해 보이지만 자세히 뜯어보면 바로크 양식으로 감칠맛 나게 꾸며져 차츰 정감이 간다.

17세기에는 남쪽의 낮은 봉우리에서 흘러나온 시커먼 용암이 성안을 완전히 삼켜버리기도 했고 지진에 도시가 폭삭 가라앉는 수난도 겪었다. 그 아픈 흔적을 말해주듯이 검은 화산암으로 만들어진 건물과 조각들을 시내 곳곳에서 만날 수 있다. 여러 번에 걸친 자연의 시련에도 폐허로 사라지지 않고 거듭날 수 있었다는 것은 이 도시가 가진 지리적·역사적·경제적 조건이 그만큼 중요함을 새삼 말해준다. 지도를 펼쳐보면 2,700년이 넘은 역사를 가진 이 도시는 시칠리아 동부 해안의 한가운데 자리하면서 팔레르모와 대칭을 이루고 있다.

에 바짝 붙어 있었다.

에트나는 대체 어떤 마력을 가진 산이기에 나의 발걸음을 시칠리아로 이끌었을까? 섬 동쪽에 자리 잡은 이 산은 지금도 살아서 폭발을 일삼는 화산으로는 유럽에서 가장 크고 높다. 하와이 화산지대와 더불어 지구에서 가장 활발한 활화산이기도 하다. '산 중의 산'이라는 별명을 가진 에트나는 그 거대한 크기 덕분에 멀리서도 확연히 눈에 들어온다. 북쪽 산자락에서 남쪽 산기슭까지 이어진 길이만 해도 50킬로미터에 이르고 동쪽과 서쪽을 이으면 그 폭이 40킬로미터에 달한다. 중심 부분에 자리한 봉우리들은 그 가운데서도 가장 높은 고도를 지키고 있다.

여러 곳에 흩어져 연기를 뿜어내는 분화구들은 문득 생텍쥐페리의 동화를 생각나게 한다. 어린 왕자는 자기가 사는 별의 화산들이 한꺼번에 폭발하지 않도록 잘 다루어 아침식사를 데워먹기도 했다. 하지만 에트나의 거인은 불구멍을 잘 다독거려주기는커녕 분노를 삭이지 못해 언제 터질지 모르는 불안을 항상 피워 올린다.

제주도의 오름처럼 생긴 작은 화산구도 250여 개에 이른다. 역사에 남은 대단한 화산 폭발만 꼽아보아도 130회를 넘기고 1693년의 재앙은 그 옛날이었는데도 6만 명 이상의 생명을 앗아갔다. 1990년대에도 엄청난 땅속 에너지를 여러 번의 화산 폭발과 지진으로 드러냈다. 2000년대에 들어서서도 그 힘과 분을 삭이지 못한 채 쉬지 않고 용암과 화산재를 뿜어내고 있는 산이다.

고대 유적지로 돌아가는 길

오랫동안 응어리 맺힌 힘이 한꺼번에 솟아나오는 화산 폭발은 굉장한 볼거리이며, 매우 자극적이며 신기로운 자연현상임은 분명하다. 하지만 화산 전문가가 아닌 이상 이 화산이 관심거리의 전부가 될 리는 없다. 나의 호기심이 자극된 것은 에트나가 지하세계로 들어가는 입구인 이유에서다.

실제로 에트나의 한 화산 분화구는 50킬로미터 땅속에까지 닿아 있다고 한다. 땅속 세계에 관한 에트나의 신화는 그리스 문명에서 흘러나왔다. 그리스인들은 죽음의 세계를 다스리는 신을 하데스라고 불렀다. 하데스는 좀처럼 바깥세상으로 나오지 않지만 그가 지하세계에서 바깥으로 드나드는 어귀가 바로 에트나 화산구라고 그리스 사람들은 믿어왔다.

그때만 해도 시칠리아가 그리스 세력 영역에 있었기에 생겨난 생각이다. 땅속 깊은 곳에서 연기와 불덩이를 뿜어 올리고 지옥의 이미지를 담은 시뻘건 용암을 쏟아내는 에트나를 보면서 당시 사람들에게 마땅히 그런 믿음이 생겨났을 것이다. 이런 신화의 이야기를 담은 그림 하나가 루브르 박물관 대회랑에 걸려 있다. 니콜로 데 아바테라는 화가의 「페르세포네의 납치」가 바로 그것이다. 그 그림과 만나면서 에트나의 존재를 알게 되었고 그 그림에 끌린 마음이 마침내 에트나를 찾는 인연으로 닿았다.

지금은 이탈리아 땅이지만 예전의 시칠리아는 그리스 문화가 화려하게 꽃을 피웠던 곳이다. 그래서 그리스인의 마음속에는 에트나가 남아 있으며, 시칠리아 섬 곳곳에도 고대 그리스의 유적들이 남아 있다. 그 영광스런

하데스가 그려진 암포라 기원전 470년경, 루브르 박물관 소장

검은 바탕에 붉은색으로 그림이 그려진 도자기에 나타난 하데스는 지하의 왕이다. 월계수관을 머리에 두르고 턱수염을 길렀는데 두 팔에는 그의 상징물이 들려 있다. 오른손은 왕권을 나타내는 왕홀을, 왼팔은 풍요를 상징하는 염소 뿔을 안고 있다. 그의 좌우에는 하데스의 다른 이름인 플루톤이라는 글자가 그리스어로 두 번 적혀 있다. 플루톤은 영혼의 세계를 통치하는 신이기에 '보이지 않는 존재'를 뜻하고 모든 농작물을 자라게 하는 땅속의 왕이기에 '풍요를 가져다주는 존재'를 의미한다.

그가 열정을 담고 뚫어져라 쳐다보는 여인은 아름다운 페르세포네인데, 그의 아내이자 지하 세계의 여왕이다. 풍요의 뿔 속에는 갖가지 과일과 농작물과 꽃들이 넘치도록 담겨 있는 게 보통이다. 이 도자기 그림에는 먹음직하게 벌어진 석류 두 쪽이 그려졌다. 그가 사랑하는 여자 때문이다. 과부 보쌈 하듯이 어렵게 훔쳐온 페르세포네를 그 어미 되는 데메테르가 악착같이 찾아내어 데려가려고 하자 궁리 끝에 마련한 꾀였다.

시간을 되돌아보는 답사는 이 오래된 섬이 방문객에게 값진 역사를 오롯하게 건네주는 선물이다. 기억의 영원한 문신을 새겨주는 만남이다.

시칠리아의 북서쪽 팔레르모에서 동쪽 끝의 산 조반니 라 푼타까지 오는 여정이 사흘씩이나 걸렸다. 차로 곧장 달리면 고작 200여 킬로미터밖에 되지 않는 거리이지만, 오는 길에 놓칠 수 없는 세 곳을 돌아보았기 때문이다. 두 곳은 고대 그리스의 문명을, 한 곳은 로마제국의 것을 더듬어볼 수 있는 유적지다. 이 세 곳은 남쪽 바닷가에 자리한 아그리젠토, 삼각형 섬의 무게중심 가까이에 세워진 카살레의 빌라 로마나, 그리고 동쪽 해안가에 피어난 시라쿠사다.

바닷가에 남아 있는 폐허 두 곳, 아그리젠토와 시라쿠사는 고대 그리스인들이 살았던 도시의 오래된 그림자다. 그리스 사람들은 바다를 '탈라사 Thalassa'라고 부르며 지금도 그 푸른 공간을 여전히 사랑한다. 이런 해양 민족은 그리스뿐 아니라 지중해에 맞붙은 땅과 에게 해의 수많은 섬을 찾아 도시를 세웠다. 시칠리아에서도 언제나 바다를 끼고 앉은 곳에 도시의 터가 잡혔다. 반대로, 로마제국의 황제 가족을 위한 거대한 카살레의 빌라 로마나는 내륙 깊숙이 들어앉았다.

신이 떠나버린 돌무덤, 아그리젠토

그리스 신전에서 되새기는 신라인의 정신

　　팔레르모에서 남쪽으로 뻗은 121번과 189번 국도를 따라 120 킬로미터 남짓 떨어진 아그리젠토에 도착한 시간은 짧은 겨울 해가 얼마 남지 않은 오후였다. 이 도시는 기원전 600년경에 에게 해의 섬에서 온 그리스인들이 자리 잡으면서 문명이 뿌리내리기 시작했다. 기원전 200년경에는 도시의 운명이 로마인들의 손에 넘어갔다. 그 뒤로도 카르타고와 비잔틴 제국과 아랍의 서로 다른 문화를 받으면서 역사는 쉴 새 없이 일어서고 쓰러졌다.

　　언덕 위의 아그리젠토 시내로부터 유적지로 내려가는 시골길은 바다를 내려다보며 시작된다. 경사가 완만해지면서 들판이 펼쳐지는데, 그곳에 핀 아몬드나무 흰 꽃들이 잠들어 있는 폐허에 눈 내리는 풍경을 그려준다. 이곳에는 열 개가 넘는 그리스 신전들이 바다를 맞는 언덕을 따라 줄지어 서 있다.

2,500년이란 시간을 버티고 선 도리아식 기둥들과 터만 남은 신전들, 무너져 내린 거대한 돌들이 돌무덤처럼 쌓여 있다. 모든 신전의 입구는 일렬로 동쪽을 바라보고 있는데, 신전은 아침에 떠오르는 첫 햇살을 받으며 밝아져야 한다는 믿음 때문이다. 이는 토함산 높은 곳에 석불사를 세워 동해로부터 떠오르는 아침 첫 햇살이 굴 깊은 곳 본존불에 닿게 했던 신라인의 정신과 다를 바 없다.

지구가 태양을 도는 황도를 4등분했을 때 첫 출발점이 되는 시점이 춘분이다. 그리고 4분의 3에 이른 270도 각도의 절기가 동지다. 1년 중 밤이 가장 긴 날로, 이때부터 다시 해가 길어지기 시작한다. 옛날에는 동짓날에 새 달력을 만들어 쓰고 새로운 한 해를 기원했다.

동쪽을 바라보는 석불사의 본존불이 결가부좌를 튼 정확한 방향은 동남쪽 29.4도이다. 이것은 남천우 박사의 주장대로, 새 시작을 알리는 동짓날 첫 햇살이 석불사 본존불의 이마에 와 닿는 각도다. 그렇게 치밀하게 뜻 깊은 계산을 하지는 않았지만 해가 떠오르는 동쪽을 신성하게 여긴 것은 그리스와 로마 사람들도 매한가지였다. 모든 생명의 근원이 태양으로부터 비롯되기 때문이 아니겠는가.

석불사 석굴의 비도扉道에서 바라본 주실主室의 본존상

40여 년 전에 보았던 기억이 아직도 또렷하다. 불교예술의 절정에 이른 한민족의 숨결이 느껴진다. 어린 나이였음에도 금강역사가 지키는 석굴을 둘러보면서 받은 오묘하고 숭고한 느낌은 지식의 걸림돌을 뛰어넘어 자연의 본능처럼 스며들었다. 정녕 본질적인 것이었다.

하얀 화강석을 빈틈없이 쌓아 올린 궁륭천장이 품은 공간은 우주처럼 넓고도 포근했다. 은은하고 절묘한 부조로 드러나는 보살상들은 비껴가듯 신비의 원을 감싸고돈다. 맴돌면서 우러러본 석가여래불상의 인상은 넉넉하고도 그득했었다. 어린 마음속에도 그런 인상을 남겼으니 신비로울 따름이다.

거듭 잘못된 중수 공사의 결과로 생긴 습기 때문에 극락정토는 유리 벽 안에 갇히고 이제는 들어가지 못하는 추억 속의 성역이 되고 말았다. 새로운 세대들이 석불사의 건축과 조각품이 지닌 기막힌 공간감을 그 속에서 직접 체험하지 못하게 된 것이 크게 아쉽다.

삼국이 통일되고 약 100년이 지난 8세기 후반에 신라 문화의 정점에 이른 불교 문화가 꽃잎을 활짝 피웠던 문화유산이 석불사의 석굴이다. 건축과 조각과 종교가 예술의 이름으로 승화된 문화의 보석 덩어리다. 우주와 자연에서 뽑아낸 수리數理와 과학을 바탕하여 독특하면서도 치밀한 기술로 짜 맞춘 건축술이다. 있는 그대로의 표현이면서도 예술의 깊은 맛을 지녀 한민족의 순수하고 뛰어난 손재주를 보여주는 조각품이다.

두 개가 둘이 아니고 하나면서, 그 하나는 한 개가 아니라 둘로 이루어진 기막힌 조화의 세계다. 덜도 더도 아닌 완벽한 균형과 인공적이지 않은 극치의 순수함이 어울려 종교예술의 알맹이를 보여준다. 그 뿌리는 마투라와 간다라 미술에 두었다.

정수리에 솟은 육계(肉)와 나발(螺髮)을 비롯하여 살집 든든한 몸매에서 나오는 힘에서 마투라의 영향을 느낄 수 있다. 동양인의 넓적한 얼굴에 번지는 미소도 마찬가지다. 한편으로, 바위 동굴에 불상을 받들어 모시는 것이나 부처를 인간의 모습으로 형상화시킨 그 바탕에는 그리스 문명이 흘러 들어가 여문 간다라 예술이 자리한다. 이처럼 지중해에서부터 동해의 석불사 석굴에 이르는 그리스 문명의 햇살은 온 누리로 뻗쳤다.

도판에 보이듯이 본존불은 사방으로 불교의 연꽃 장식에 둘러싸여 있다. 지상세계를 상징하는 전실(前室)과 천상의 세계인 주실(主室)을 가르는 두 개의 팔각 돌기둥 한가운데에 연판(蓮板)이 끼여 있다. 본존불 아래에는 연꽃무늬 석판을 두른 좌대(座臺)가 떠받치고 있다. 본존불상의 머리 뒤에는 이글루처럼 오목한 주실 벽의 흐름을 그대로 따른 까닭에 살짝 오목해진 연꽃 돌판을 새겨놓았다. 이 커다란 두광은 뒷벽에 박혔는데도 앞에서 볼 때 마치 불상의 머리에 달린 듯한 착각을 주는데 이는 놀라운 비례 감각과 세밀한 계산에서 나온 것이다.

높이만으로도 2.72미터인 이 우람진 불상은 석가여래, 또는 아미타여래라는 두 가지 학설로 나뉜다. 불상 신원을 밝힐 때에는 결정적으로 손 모양새로 가려내는데, 크게 다섯 가지 손 모양이 나온다. 결가부좌를 틀은 석불사의 불상이 나타낸 수인(手印)을 항마촉지인(降魔觸地印)이라고 한다. 왼손바닥을 위로 하여 배꼽 앞에 대고 오른손가락으로 땅을 가리키는 자세이다. 이는 석가가 보리수 아래에서 마침내 도를 이루어 깨우침을 얻는 순간을 나타낸 것이다. 석불사 불상의 이 항마촉지인은 그것을 석가여래로 보는 실마리가 되었다.

두 손을 단전(丹田)에 겹쳐 포갠 채 참선하는 자세는 선정인(禪定印)이라고 부른다. 여기에서 오른손만 풀어 손가락을 땅에 갖다 대면 항마촉지인의 모양새가 된다. 이 자세는 석가의 깨달음을 방해하려던 마왕을 물리치는 내용을 담았다. 석가가 손가락으로 땅을 가리키자 지신(地神)이 나타나 유일한 석가모니의 존재를 증명했다. 마침내 유혹의 마왕은 사라지고 새벽 샛별의 반짝임에서 모든 번뇌를 끊어버리고 도를 깨쳤다.

불교에서 이르고자 하는 마음의 세계에 다다른 희열이 석가여래상의 얼굴 위로 조용히 번져 나온다. 이 본존불상의 가장 뛰어난 점은 부드러우며 거침없는 자연스러움이 온몸을 흐르지만 그러면서도 그 무엇도 넘볼 수 없는 절대적 힘이 그 속에 응어리졌다는 데 있다. 이 본존상은 석굴암에 있는 38체의 조각과 부조상과 심오한 건축기법과 더불어, 인간이 창조해낸 문화의 아름다움이 무엇인가를 참으로 실감 나게 보여준다.

결혼과 출산을 다스리는 헤라는 그리스 신들의 여왕으로서 신화에서 중요한 위치에 있다. 그녀의 조각상을 모신 신전은 기원전 5세기 중반에 세워졌지만, 얼마 지나지 않아 불에 타 파괴되고 말았다. 페니키아인들이 북부 아프리카 연안에 세웠던 카르타고의 침공 때문이었다. 그때가 기원전 406년이었는데, 폐허로 남은 벽에 불탄 자국이 아직 남아 있어 세월의 무상함과 싸움터의 혼란스러움이 그대로 전해진다. 듬성듬성 남은 신전의 기둥 뒤로 펼쳐진 바다를 건너면 바로 카르타고가 나온다. 지금의 튀니지 수도인 튀니스 부근에 자리했던 카르타고까지는 직선거리로 약 300킬로미터밖에 되지 않는다.

바닷가에 남겨진 돌무덤

아그리젠토 유적지 동쪽 끝에 있는 헤라 신전은 이제 그 형체가 거의 남아 있지 않다. 그나마 들보가 얹혀 있는 북쪽 측면의 기둥들과 직사각형 건물의 둘레를 따라 듬성듬성 남은 기둥들이 머릿속으로 신전의 형태를 그려보게 한다. 이 폐허를 본 첫 순간의 인상은 매우 강렬했다. 그리스에서 보았던 여느 신전들과는 사뭇 달랐다. 하얗게 빛나는 대리석이 아니라 붉게 타는 듯한 황토색 응회암으로 신전을 만든 까닭이다.

화산에서 뿜어 나오는 뜨거운 화산재, 모래, 자갈들이 엉겨 퇴적되면서 만들어진 돌이 응회암이다. 이 돌이 붉은빛을 띠는 이유는 그 속에 함유된 철이 산화현상을 일으켰기 때문이다. 아그리젠토에 세워진 신전들은 모두 이 돌로 만들어져서 표면의 입자가 매우 거칠다. 기둥을 들여다보면 침적된 조개와 바다 생명체의 껍질들도 박혀 있다. 응회암 가운데서도 석회암 퇴적층에서 생겨나는 석회화石灰華임을 말해준다. 그 속에 섞인 광물질의 영향 때문이었는지 도리아식 유적들은 온통 황토 빛이다. 해거름이 내릴 때는 돌의 폐허들이 마지막까지 타는 빛을 받으며 활활 불타올랐다.

가장 멀쩡하게 남은 신전은 어느 신에게 바쳐졌는지 아직 밝혀지지 않은 콘코르디아 사원이다. 거의 온전하게 남아 있는 바깥 기둥뿐 아니라 신전 중심에 있는 내진의 벽도 보존돼 있다.

아그리젠토에 세워진 신전의 기둥들은 부석사 무량수전이나 수덕사 대웅전 등에서 볼 수 있는 '배흘림' 기법과 비슷하게 만들어졌다. 배흘림은 말 그대로 기둥 가운데가 가장 굵고 밑둥치가 중간이고 기둥머리 쪽이 가

아그리젠토 그리스 신전 가운데 가장 오래된 것으로 여겨지는 이 헤라클레스 신전은 가로 67미터, 세로 25미터의 직사각형 크기 위에 세워졌다. 아그리젠토 신전의 모든 기둥들은 표면이 밋밋하지 않고 세로로 홈이 나 있다. 단순하고 남성적인 도리아 양식의 육중한 기둥을 경쾌하고 늘씬하게 만든 셈이다. 그 홈 사이로 벗겨지지 않은 흰 칠이 군데군데 남아 있는데, 이는 본디 황토색 응회암 위에 하얀 대리석 가루 등을 섞은 회칠을 했던 흔적이다. 그러니 지금으로부터 약 2,500년 전의 신전은 눈부시도록 흰 모습이었을 것이다.

몇 개 남지 않은 돌기둥의 그림자를 받는 부분이 무너진 내진이다. 그리스 신전은 현관 입구의 성격을 지닌 전실, 신의 모습을 새긴 조각상과 신성한 물품을 보관하는 내진으로 나뉜다. 이는 석불사 석굴과 다를 바 없어 신을 모시는 장소를 생각했던 인간의 마음은 어디나 마찬가지임을 말해준다. 그 옛날에는 '나오스'라고 부르는 내진 속에 헤라클레스의 청동 조각상이 장엄하게 세워져 있었으나 이제는 흔적도 없이 허물어져 폐허의 쓸쓸함만 남았다.

장 가늘게 만들어지는 방식이다. 이 건축기법은 동서양을 가리지 않고 필요에 따라 자주 사용되었다. 높은 기둥을 밑둥치에서 꼭대기에 이르기까지 똑같은 지름으로 만들어버리면 눈의 착시현상에 따라 기둥 가운데 부분이 저절로 가늘게 보인다. 그러면 건물을 바라볼 때 불안해 보이기 마련이다. 배흘림 기법이 우리 땅에서는 삼국시대부터 나타나는데, 고대 그리스인들은 '엔타시스'라고 부르는 이 건축기법을 기원전 7세기부터 사용했다. 이 특징은 도리아 건축양식에서 가장 두드러지게 나타나므로 시칠리아 신전의 기둥들은 그 좋은 본보기가 된다. 아그리젠토 유적의 엔타시스는 기둥의 3분의 2 정도 높이에서 가늘어지면서 눈의 착시도 없애고 건물의 높이도 돋보이게 해준다.

가장 오래된 헤라클레스 신전은 38개의 돌기둥들이 신전을 떠받들고 있었지만, 지금은 남쪽의 8개만 바다를 바라보고 서 있다. 나머지는 무너져서 기둥과 기둥머리들이 사방으로 흩어졌다. 예전에는 로마 시절의 유명한 정치가이자 학자였던 키케로가 신전 안에 있던 훌륭한 헤라클레스의 청동 조각상을 기록에 남겨놓을 정도였는데……. 고대 그리스의 대표적 화가인 제욱시스는 영웅의 이야기를 신전 안에 그려놓기도 했다. 헤라클레스가 갓난아기였을 때 자기를 죽이러 다가온 독사 두 마리를 천연스레 죽여버리는 장면이었다. 이제 모든 것이 사라지고 2,000년간의 침묵을 지키는 돌무덤이 되고 말았다. 길이 113미터, 폭 56미터에 이르러 고대 그리스 신전 중 가장 큰 규모에 속하는 아그리젠토의 제우스 신전조차 자취를 감추었다. 그 자리엔 거대한 석상 하나만이 땅바닥에 쓰러져 있을 뿐이다.

데메테르, 트리프톨레모스, 그리고 페르세포네가 새겨진 부조
대리석, 기원전 440년경, 아테네 국립 고고학 박물관 소장

대지와 곡물의 여신인 데메테르가 소년의 모습으로 등장한 트리프톨레모스의 손에 뭔가를 건네준다. 아마도 씨앗이 든 주머니가 아닐까? 그리고 트리프톨레모스 뒤에서 어둠을 밝히는 횃불을 들고 선 여자가 지하세계의 왕비인 페르세포네다. 데메테르가 잃어버린 자기 딸을 찾기 위해 온 땅을 헤집고 다녔을 때 신분을 감춘 상태였음에도 이 땅의 여신에게 호의를 베푼 왕이 있었는데, 그 왕이 엘레우시스였다. 대지의 어머니 데메테르는 자신이 받은 호의의 답례로 인류에게 농사짓는 법을 가르쳐주었다. 이 부조는 엘레우시스 왕의 아들에게 농사의 비밀을 가르쳐주는 장면을 나타낸 작품이다.

데메테르와 페르세포네에게 제물을 바치던 원형 제단 터다. 가운데 둥근 부분은 우물이 있던 자리고 거기서 바퀴 모양으로 살이 뻗어 나와 다시 더 큰 동그라미를 만난다. 도판의 오른쪽 앞에 보이는 네모나게 꺾인 모퉁이는 가까이 붙어 있는 또 다른 제단 터의 한 부분이다. 동서로 거의 2킬로미터에 이르도록 길게 뻗은 유적지의 서쪽 끝에 자리했다. 바로 옆에는 곧장 낭떠러지가 나오고 땅이 움푹하게 패여 있다. 양어장을 만들려고 노예들을 데려다 파놓은 거대한 웅덩이가 이젠 세월 속에 말라버린 채 그저 입만 벌리고 있다.

빈 터에 남은 것들

　　　　　이 거대한 유적지에서 가장 나의 흥미를 끈 것은 데메테르와 페르세포네의 흔적이 남은 옛 터전이다. 데메테르는 곡물과 풍요의 여신이다. 그녀의 딸인 페르세포네는 하데스에게 잡혀가 지하세계의 왕비가 된 여자다. 이 그리스 신화가 앞으로 이야기할 '에트나로 온 까닭'과 직접 연관된다.

　이 모녀 여신에게 제물을 바치던 자리에는 두 개의 제단 터가 아직 남아 있다. 큼직한 돌덩어리를 다듬어 그것들로 모양을 반듯하게 짜 맞추어 놓았는데 하나는 둥근 모양이고 다른 것은 네모 꼴로 생겼다. 둥근 제단 한가운데에는 성스러운 물을 길어 올릴 수 있는 우물도 갖추었다. 이런 제단들은 지하세계의 여신들을 때로는 기쁘게 하고 때로는 그들의 화를 가라앉히려고 마련된 성소聖所였다.

　데메테르는 농업과 대지의 여신이었지만 옛 사람들은 지하세계의 여신으로 섬겼다. 땅에서 이루어지는 모든 농사가 지하의 신들에 의해 결정된다고 믿은 까닭이다. 데메테르의 축전 때는 풍요로운 수확을 기리면서 산양·돼지·소 등의 제물을 그녀에게 바쳤다. 풍요로운 땅에서 거둬들인 밀과 포도와 올리브가 창고에 그득했던 고대 시칠리아에는 데메테르에게 제물을 바치기 위한 신전이 곳곳에 세워졌었다.

　신들에게 바치던 제물을 놓아두던 제단의 자취는 아그리젠토 유적지의 또 다른 장소에서도 볼 수 있다. 한 번의 행사를 준비하려고 100마리에 이르는 황소를 바치던 엄청난 크기의 제단 터가 남아 당시 사람들의 간절한 아그리젠토 유적지 성벽에 남은 무덤이다. 고대 지하묘지에는 아파트 우편함처럼 생긴 네모난 구멍들이 벽에 빼곡히 들어차 있었다. 송장 하나가 겨우 들어갈 만한 좁은 공간은 관조차 마련할 처지가 못 되는 사람들에게 주어진 최소한의 마침표였다. 이를 '로쿨로'라고 부른다. 도판에 보이는 무덤은 위가 둥글게 파인 아치 모양으로 멋을 냈다. 기원 3~4세기에 흔하던 이런 양식을 '아르코솔리오'라고 하는데 단순한 직사각형 무덤보다는 조금 여유가 생긴 양식이다.

바다에서 올라오는 언덕 위에 세워진 축대와 성벽들은 신전들이 모인 성역을 보호했다. 누운 사람의 키보다 더 두꺼운 응회석도 기나긴 시간 앞에서 허물어지고 내려앉았다. 아직 버티고 있는 부분에는 초기 기독교 시절의 무덤이 텅 빈 흔적을 드러낸다. 멀리서 보았을 때는 해골이 거꾸로 땅에 박혀 있는 듯한 착각이 들었다. 뒤로 멀리 보이는 폐허가 헤라의 신전이다.

바람을 그대로 보여준다. 지금도 돌 제단을 받친 주춧돌들이 여러 줄로 길게 뻗쳐 있어서 네모반듯한 모양새의 그 규모를 가히 짐작하게 한다.

폐허로 남은 이 유적지에는 신들의 이야기만 있는 게 아니다. 이곳에서 누군가 집을 짓고 산다. 유네스코 세계문화유산으로 지정된 고대문명 유적지 한가운데에 담을 두른 고급 저택이 들어서 있다. 감시카메라까지 설치해놓고 누군가 버젓이 살고 있다. 어떤 인물이기에 이런 상상하기 어려운 힘을 휘두를 수 있을까? 이곳이 시칠리아라는 사실을 되새기면 결코 평범한 사람은 아닐 터.

그런가 하면 초기 기독교 시절에 만들어진 공동묘지가 그 저택과 콘코르디아 신전 가까이에 있다. 바위에 네모나게 파놓은 묏자리들이 빈틈없이 들어차 있다. 신전에 모셔진 신들도 다 떠나버리고, 비좁은 바위 바닥에 몸을 눕혔던 인간의 주검들도 모두 어디론가 사라졌다. 해골 콧구멍처럼 파인 무덤 돌바닥이 왠지 진실의 잣대처럼 보인다.

더욱 인상적인 것은 성벽에 구멍을 파서 만든 무덤이다. 아그리젠토의 유적지는 바다가 내려다 바라보이는 가파른 언덕 위에 세워졌는데, 그 옛날 이곳을 지키기 위해 언덕 위에 다시 굉장한 두께의 응회암으로 성벽을 쌓았고, 초기 기독교 시대에 이르러 이 두꺼운 성벽에 구멍을 내서 무덤으로 사용한 것이다.

어떤 곳은 네모나게, 어떤 곳은 아치 모양으로 구멍을 뚫었다. 왜 하필이면 성벽에 무덤을 만들었을까? 기독교가 박해를 받던 시절, 가난한 사람들은 제 몸뚱이 하나 묻을 땅 조각도 없었다. 자연히 동굴 같은 곳이나 바위로 된 땅 밑으로 층층이 구멍을 내고 묫자리를 잡는 수밖에 없었다. 그런 전통에 따라, 손바닥만 한 땅조차 가지지 못한 사람들이 폐허였던 성벽에 죽은 이의 마지막 안식처를 마련해주었던 것이다.

  마침내 해가 바다 너머로 떨어질 즈음이 되자, 두려울 만큼 어두운 구름들이 하늘 가득 몰려온다. 구름 틈새로 빠져 나온 태양의 마지막 빛이 바다를 적신다. 기우는 석양의 빛깔은 바닷바람에 헤진 성벽의 구멍을 뚫고 지나와 이제는 과거의 자취를 떠나야 할 시간임을 알려준다.

아그리젠토의
현자들

　그리스 땅은 돌멩이투성이인 산과 농사도 제대로 지을 수 없을 정도로 메마른 땅이 대부분이다. 유난히도 밝은 태양이 이글거리는데다 비는 자주 오지 않고 여름이면 사하라 쪽에서 불어오는 계절풍으로 매우 가물고 덥다. 이런 자연환경에서도 억세게 살아남는 나무가 있으니 바로 올리브나무다.
　올리브나무는 지중해를 낀 온화한 기후에서 잘 자란다. 그리스와 함께 대표적으로 떠오르는 이미지도 거친 땅을 배경으로 한 올리브나무다. 오래 전에 뿌리내린 신화에서도 올리브나무와 그리스 문명을 떼놓을 수 없음을 알 수 있다. 아테네에 얽힌 신화는 여러 모양새지만 알맹이는 하나다. 인간들에게 가장 이로운 것을 갖다 준 아테나 여신을 수호신으로 삼았다는 것이다. 그 소중한 것이 바로 올리브나무였음은 그리스인들의 생활에 이 나무가 얼마만큼 중요하고 가까운 존재인가를 말해준다.
　이 나무가 인간에게 주는 많은 혜택 가운데서도 가장 큰 것은 열매인 올리브다. 모양과 색깔에서 그 종류가 수백 가지에 이르는 올리브 열매는 그대로 먹거나 알맹이를 짜서 식용유로 사용한다. 이 올리브기름은 지중해 지방 음식의 밑바탕을 이룬다. 알이 굵어지면 아직 초록색을 띠고 있는 열매를 따는데 쓴 맛이 너무 강해 바로 먹을 수는 없다. 먼저 약한 소다수에 담가두어 독한 맛을 빼야 한다. 그 다음 물에 깨끗하게 씻어내고 다시 소금물에 절여두면 며칠 뒤에는 식탁에 올릴 수 있게 된다. 지중해 사람들의 생활에 크게 자리하는 만큼 지중해 지방의 시장에 가면 올리브 파는 가게가 무척 많고 그 종류도 어지러울 정도로 갖가지다. 모양새도 다르고 크기도 다양하다. 색깔도 연둣빛에서 검은색에 이르도록 짙음을 달리한다. 올리브 열매는 익을수록 검어져 어느 시점에 수확하는지에 따라 색이 다르다.

    올리브나무가 자라서 그 열매를 실하게 거둘 수 있을 때까지는 무척 오랜 시간이 걸린다. 옛날에 읽었던 재미있는 구절이 생각난다. "할아버지가 심어서 아버지가 가꾸고 아들이 거두어들인다." 올리브나무에 딱 맞는 표현이다. 실제로 40년에서 150년 된 나무들이 가장 푸짐하게 열매를 맺는다.

    올리브 열매에서 짜낸 기름은 고대 그리스와 로마 시대부터 없어서는 안 될 소중하고도 신성한 물품이었다. 신전을 밝히는 등잔 기름으로, 아름다움을 가꾸기 위한 미용제로, 종교의식의 성유로, 비타민이 풍부한 약품으로, 그리고 모든 지중해 음식의 감초로 쓰였다. 이런 올리브기름은 고대 그리스 경제의 큰 몫을 차지하여 해상무역의 기틀을 이루기도 했다. 더불어 황금빛과 초록빛 기름을 담아두기 위해 만들어야 했던 도자기들은 그리스 문명의 노다지 금줄이 되었다.

　올리브 기름의 맛은 참기름과 들기름처럼 고소한 맛에 길들여진 한국인들에게 낯선 감각을 일깨워준다. 먼저 부드러우면서도 걸쭉한 느낌이 닿으면서 쓴맛이 입 안에 가득해진다. 곧이어 풋풋한 야생의 향기가 지나가고 톡 쏘는 따가움이 끝에 남는다. 한 그루의 올리브나무가 자라면서 응어리진 시간의 과정과 자연의 성격이 그대로 담긴 맛이다.

　내가 아는 한 그리스 노인은 건강을 위해 올리브기름 한 숟갈을 매일 아침마다 먹는다. 올리브기름이 심장에 좋다고 믿는 그는 그 속에 포함된 비타민들이 파괴되지 않도록 가공하지 않고 그냥 먹는다고 한다. 두툼하고 질긴 올리브 나뭇잎은 겉이 연초록이고 안쪽은 은회색이다. 그래서 바람이 불어 풍성한 가지가 흔들리면 햇살을 받아 온통 반짝거린다. 이 뾰족한 타원형의 잎은 약재로 사용되어 동맥경화와 당뇨에 좋은 약효를 내는 것으로 확인되었다. 뿐만 아니라, 따뜻한 느낌을 주는 연노란색 바탕에 구불거리며 긴 세월처럼 휘감기는 무늬의 목재는 예스러운 멋과 향기를 풍긴다.

이 나무에서 내가 가장 큰 매력으로 꼽는 것은 늙은 올리브나무가 품은 오랜 시간의 흔적이다. 모진 자연에 맞서 기억조차 희미해진 아득한 세월을 버텨온 올리브나무는 바위처럼 단단해져 회청 빛을 뿜는다. 마치 은빛 머리칼을 휘날리는 현자의 모습 같다. 올리브나무가 1천 년 시간의 자국을 제 몸에 새기면서 오래도록 산다는 것은 널리 알려진 사실. 그야말로 살아 있는 전설 같은 존재다. 묵은 나무둥치에서 새롭게 초록 잎을 내는 까닭에 죽었다 다시 살아나는 존재로 여겨졌다. 이것은 똑같은 나무에서 또 다른 새로운 나무가 자라나는 신비로운 현상에서 비롯됐다.

 여기에서 기독교에서도 올리브나무를 중요하게 다루는 까닭을 찾아낼 수 있다. 노아의 방주 이야기는 과학적 발굴과 메소포타미아 길가메시 신화의 자료로, 7,000년경 전에 흑해에서 일어났던 것으로 확인된다. 40일간의 대홍수가 지나가기를 기다린 뒤 날려 보낸 비둘기가 새로운 세상의 첫 징표로 물고 온 것이 올리브나무(감람나무) 잎이었다. 묵은 나무에서 새 잎을 내는 올리브나무는 새로운 세상을 여는 노아의 방주 이야기와 상징적으로 겹치기 때문이다.

 지금으로부터 거의 3,000년을 거스르는 기원전의 어느 한 순간에 새싹을 틔운 지중해 연안의 올리브나무 한 그루는 아직도 그 뿌리를 땅속에 박고서 역사의 굽이를 지켜보고 있다. 또한 올리브는 이집트의 역사와 그리스의 신화, 그리고 성경 이야기에서 빠지지 않는 나무다. 한데 나이를 제대로 알아내기 힘든 독특한 특성이 있다. 오래된 나무들은 속 둥치가 아예 비어버리기 일쑤인데다 나이테도 분명하지 않은 것이다. 따라서 전설처럼 내려오는 이야기를 통해서나 둥치의 크기나 모양새로 겨우 나이를 가늠해볼 따름이다. 지금도 에스파냐에서 시리아에 이르기까지, 지중해의 햇살과 소금기로 여물어 천 년의 기품을 품은 올리브나무들은 곳곳에서 자연과 인간과 역사를 말해주고 있다.

아그리젠토 유적지에 서 있는 올리브나무들도 천 년의 흐름을 이겨왔다고 한다. 이탈리아 땅에는 기원전 6세기경에 올리브나무가 전해졌다. 시칠리아를 비롯하여 이탈리아 반도의 해안에 정착했던 그리스인들이 오래 전에 가져다 준 값진 선물인 듯하다.

바다로 내려가는 아그리젠토 언덕의 들판에는 세월 따라 뒤틀린 올리브나무들이 고대 신전의 그림자처럼 폐허를 따라가고 있다. 수천 년 전 무너져 내린 인간 문명의 자취와 사라진 시간의 내력來歷이 들엉겨진 자연의 위대함이 서로 기막힌 조화를 이룬다. 고요함을 깨우는 바닷바람만 이 거대한 두 거인을 어루만지며 지나갈 뿐이다.

돌무덤 사이에 등장한 은빛의 고목은 볼수록 「사모트라케의 니케」를 떠올린다. 메마른 바위섬의 언덕에 서서 에게 해의 북쪽 바다에서 불어오는 바람을 맞는 승리의 여신을 쏙 빼닮았다. 가슴과 배를 가린 얇은 홑옷이 물보라에 젖은 듯이 알몸을 낱낱이 드러내고, 펼친 두 날개는 금방이라도 바람을 품고 날아오를 듯한 「니케」는 기원전 200년경부터 사모트라케 섬에서 바다를 내려다보고 있었다.

제우스 신전의 폐허에서 일어난 이 올리브나무는 우연히도 배경이 되어버린 푸르른 솔잎들을 풍성한 깃털의 날개로 달았다. 드러나고 패이면서 굽이도는 둥치는 여신의 알몸이며, 뒤쪽에서 완만하게 올라오는 둥치의 곡선은 바람에 나부끼는 옷자락이다. 더불어, 지중해에 발을 집어넣는 그리스 땅덩이의 모양새를 그대로 그려놓은 듯하다.

위 사진 나무는 억센 생명의 힘을 피워 올리고 있다. 둥치는 이미 시간의 새김질이 다 갉아먹었다. 그래도 뭉치고 닳은 거죽에서 새 줄기가 뻗어 나오고 싱그러운 잎사귀들은 하늘을 가릴 만큼 넉넉하다. 매년 새롭게 땅을 덮는 한해살이풀 위로 불어오는 바람을 맞아 초록과 회색의 번갈음으로 빛나는 올리브 잎들은 생명의 노래를 부른다. 그루터기에 놓인 네모진 바위는 마치 그의 역사를 새겨 넣은 비석처럼 보인다. 이제는 더이상 새길 자리도 남아 있지 않은데 다시 살아나는 그의 이름은 천 년의 올리브나무다.

오른쪽 사진 빗방울이 떨어져도 스며들지 않을 만큼 굳은 땅에 뿌리 내린 나무는 차라리 엄숙하다. 군더더기 없이 엉겨 용틀임하는 모습에서 고행하는 부처를 나타낸 기원 3세기경의 간다라 불상이 생각난다. 아니면, 그리스의 소프라노 마리아 칼라스가 부르는 「카스타 디바」의 격정적이고 고결한 이미지가 떠오르기도 한다. 콘코르디아 신전 앞에 서 있기에 이 신전을 본뜬 로마 신전을 벨리니의 오페라 무대장치 배경에 세워놓은 것처럼 느껴진 까닭일까? 오래된 참나무 숲에서 신비한 의식을 올리던 드루이드교의 분위기를 자아내는 둥치에서 사제장으로 나오는 노르마의 모습이 겹쳐지기 때문일까?

삼라만상이 열리던 때부터 단 한순간도 자리를 비운 적이 없는 시간은 어떤 꼴을 하고 있을까? 눈에 드러나지도 않는 그 모습은 어떻게 생겼을까? 땅과 햇살과 세월 속에서 자라는 나무는 그것을 알고 있을까? 노랗고 푸른 들판을 가로질러 오는 봄의 물결 속에 서 있는 한 그루의 올리브나무는 스쳐가는 시간의 모양새대로 제 몸을 맡긴 걸까? 뒤틀리고 휘감기는 강렬한 선들은 생명과 시간의 함수관계를 드러낸다. 시간과 공간이 다듬어놓은 걸작이다. 생각의 꼬리는 현대 추상주의 예술가인 베르나르 브네에 가 닿는다. 강철로 묵중한 선의 무게와 율동을 엿가락처럼 뽑아낸 현대 조각품이 이 자연의 결정체에서 내비친다.

섬세하면서도 힘찬 이 자연의 작품은 조물주가 시간의 칼로 깎고 다듬은 것이다. 패이고 돌아 오르고 끊기고 이어지고 드러나고 감춰지고 빛나고 사라지는 숱한 선과 면 들로 이뤄진 살아 있는 조각품이다. 겉모습뿐 아니라 그 속에서 뿜어 나오는 힘과 영혼은 인간이 다다를 수 없는 한계를 보여줄 만큼 대단하다. 아직 알찬 둥치를 간직한 이 나무는 중년의 늠름함을 지녔는데, 나무 표면이 독특하다. 한쪽은 짜글짜글한 주름에다 빛깔마저 한결 바랬는데 다른 쪽은 매끄럽고 푸르스름한 윤기조차 감돈다. 시간뿐 아니라 태양이 내린 빛과 바다가 보낸 소금기도 작업에 한몫 거들었음을 말해준다. 바다가 있는 남쪽으로 몸을 드러낸 부분은 벌판을 마주한 그늘진 북쪽에 견주어 훨씬 세월의 풍파를 많이 받아야 했음을 되새겨준다.

■ 세월에 닳고 뒤틀어진 두 그루의 나무는 동화에 나오는 신비로운 숲 속의 등장인물들이 되어버렸다. 둥치는 비고 부푼 듯이 둥그런 몸통에 엉겨 붙은 옹이들이 덕지덕지 붙었다. 맞은편 나무도 속을 도려낼 만큼 오랜 세월의 흐름을 품다가 온몸이 한번 휘감겨졌다. 그리 가까이도 그리 멀리도 아니게 마주한 이 두 그루 올리브나무가 천 년 세월을 사이에 두고 나누었던 이야기들은 어떤 진리를 담고 있을까?

■ 살아 있는 화석이 되어버린 올리브나무. 모든 생명은 존재하지 않던 곳에서 와서 다시 그리로 되돌아간다고 한다. 조금씩 채워가다가 그 정점에 이르면 다시 비워나가는 것이 생명의 굴레다. 속을 모두 들어내고 빈틈없이 깊은 주름이 패이고 여기저기 바람 지나가는 구멍마저 뚫린 이 위태로운 고목처럼 처염한 삶의 투쟁을 짊어진 것이 있을까? 다시 그 위로 생명의 노래를 부르는 잎사귀를 내민 이 은빛 현자처럼 슬기로운 것이 또 있을까?

■ 벌판으로 부는 바람대로 풀들은 쏠리고 쓰러진다. 우람지게 버틴 이 올리브나무조차 보이지 않는 광음光陰에는 뚜렷한 시간의 틈새를 제 몸에 새겨야 했다. 그 갈라진 사이로 채워 들어오는 억센 풀들이 계절의 반복을 어루만진다. 아랑곳없이 싱싱한 잎을 뻗어내고 단단한 열매를 여물어내는 그 모습은 오직 성스러울 뿐이다.

■ 엄청난 크기의 제단을 받치던 돌기둥 사이에서 돋아났던 새싹은 어느새 은녹색의 고목이 되었다. 어디가 바위이고 어디가 나무인지 헤아릴 수 없을 정도다. 시간을 말없이 품는 것은 어차피 단단한 바위와 늙은 나무이니 굳이 가려낼 필요조차 없겠다. 인간 문명의 자취에 뿌리를 내린 이 올리브나무는 인간 생활에 필수적인 열매를 다시 맺어준다. 그 둘레에 펼쳐진 종려나무의 새파란 잎들이 선명한 대조를 이룬다.

■ 누가 이 딴딴하고 거대한 덩치를 나무라고 부르겠는가? 얽히고 뭉치는 숱한 매듭들이 온몸을 휘감고 돈다. 겹겹이 쌓이는 시간의 두께로 굳어버린 나무껍질은 문질러도 긁히지 않는 바위덩이가 되고 말았다. 다시 그 위로 가지를 내어 잎을 달지 않았다면 비바람에 닳아버린 기암괴석의 영물스러움을 자랑했을 텐데. 바다로 넘어가는 태양의 마지막 햇살을 받아 구불거림을 거칠게 토해내는 은빛 현자의 모습은 바람을 거스르고 시간을 거슬러 올라갈 듯이 열렬하다.

돌의 꽃밭, 카살레의 빌라 로마나

꿈의 별장은 돌바닥을 남기고

아그리젠토 앞바다를 떠도는 어지러운 바람소리를 귓가에 담으며 밤을 지새운 뒤, 시칠리아 섬 한가운데로 향했다. 그곳으로 가는 길은 멀지는 않지만 후미진 시골로 가는 느낌이다. 시칠리아의 큰 도시들 대부분은 1천 킬로미터에 이르는 해안가를 따라 자리한다. 하지만 기원 300년을 전후하여 만들어진 카살레의 빌라 로마나 Villa Romana del Casale는 가장 가까운 바다에서 약 50킬로미터 떨어진, 시칠리아에서는 한참 깊숙한 곳에 있다. 게다가 산기슭이서인지 그곳이 섬이라는 것을 금방 잊게 할 만큼 색다른 풍경을 보여준다.

이곳은 계곡이 있어 물이 넉넉하다. 게다가 참나무, 야자나무, 밤나무, 사이프러스, 소나무 등이 우거진 곳이다. 집 앉힐 자리를 살필 때 따지던

조건에도 꼭 들어맞는 곳이다. 시칠리아인들은 언덕 중간쯤 높이에 집을 세우고 그 앞으로는 야자수를 전망이 가리지 않게끔 심었다. 집 뒤편에는 잡나무들을 빽빽이 심어 뒤를 막았다. 좌우로 키 큰 실편백나무를 심어 우아한 조화를 이루게 했다. 집 둘레에는 여러 식물과 꽃을 키워 미풍이 불 때마다 감미로운 지중해의 향기가 가득하도록 애썼다.

이런 곳에 전체 건물 면적만 1천 평이 넘는 전원 별장이 숨겨져 있다. 별장은 주인을 위한 구역, 손님을 맞이하는 구역, 노예들이 사용하는 구역, 공공구역, 그리고 공중목욕탕으로 나뉜다. 별장 한가운데는 연못과 정원이 넓게 있고 이를 직사각형 모양의 회랑이 둘러싼다. 그곳을 중심으로 50개도 넘는 크고 작은 공간들이 갖은 모양새로 펼쳐진다.

오래된 집이 무너질 때는 제일 먼저 지붕이 내려앉기 마련. 그래서인지 천장은 사라지고 벽도 많이 허물어졌다. 온전하게 남은 돌기둥들은 코린트와 이오니아 양식의 기둥머리를 받치고 서 있다. 바닥에 깔린 모자이크의 놀라운 그림 장식들이 옛 영광을 고스란히 빛내준다.

이 별장은 로마 시대가 끝난 뒤로 비잔틴 사람과 아랍 사람으로 별장 주인이 바뀌면서 12세기까지 사용됐는데, 비교적 오늘날까지 그 흔적이 잘 보존된 편이다. 모순적이지만 자연의 재앙 덕분이다. 1161년의 대홍수와 1169년의 지진으로 흙더미에 완전히 묻혀버렸던 것이다. 17세기에 이르러서야 도굴에 의해 모습을 드러낸 여러 문화재들이 수집가들의 손에서 돌아다니기 시작했다. 그러다가 마침내 전체적인 발굴 작업이 진행된 1950년대에 제 모습을 완전히 드러냈다.

묻힌 역사를 증언하는 동전 하나

문제는 이 대저택의 본디 주인을 알아내는 일이다. 여러 학설 가운데 가장 믿음이 가는 것은 286년에서 305년까지 로마 황제였던 막시미아누스가 제국을 다스리던 시기의 황족 별장이라는 주장이다. 이는 유적지에서 발굴된 도자기, 화폐, 그리고 예술 표현 양식의 특징에서 이끌어낸 이론이다. 이곳 주변에 사방으로 뚫린 도로망이나 연락망이 있었다는 점도 이 별장 주인이 상당한 지위의 인물임을 말해준다. 또한 매우 값비싼 건축 자재인 대리석으로 건물 전체를 지었다는 것도 이를 뒷받침해준다.

시칠리아 지방 총독의 저택이라는 가설도 있고 로마제국의 대단한 가문이 대를 이어 살던 곳이라는 의견도 있다. 하지만 이곳에서 석관이 발굴되지 않았기에 후자의 가정은 잘못된 것이라는 주장이 관심을 끈다. 로마의 황족과 귀족은 대리석 석관에 묻혔다. 석관을 만들려면 통짜 대리석에 바닥을 깊게 파야 하는데 그 시절에는 단순한 천공기穿孔機나 정으로 일일이 쪼아서 다듬었다. 바깥 표면에는 섬세한 조각까지 새겨놓았기에 지금은 소중한 예술문화재로 취급된다. 세계 여러 박물관에서 쉽게 만날 수 있는 로마 시절의 석관들이 카살레의 빌라 로마나에서는 단 하나도 나오지 않았다. 이곳이 별장이 아니라 주 거주지였다면 그 주변에서 멀쩡한 석관은 아니더라도 하다못해 부서진 조각이라도 나와야 앞뒤가 맞을 것이다.

한편 이곳이 로마 시절의 고급 사창가였다는 추측도 있다. 마치 석고로 떠놓은 듯이 당시의 일상생활을 낱낱이 보여주는 폼페이나 도시 전체가 고대 유적지인 로마에 그 흔적들이 남은 공창公娼과 연결 지어 생각한 것이다.

로마 시대의 석관 대리석, 기원 230년경, 루브르 박물관 소장

이 석관에는 그리스 신화에 나오는 디오니소스와 아리아드네의 이야기가 새겨졌다. 하고많은 신화 가운데 어찌하여 이 주제일까? 신화의 생명인 '상징'을 들추어보면 쉽게 알 수 있다. 크레타 왕국의 아리아드네는 괴물 미노타우로스를 없애려는 테세우스를 도와준 공주였다. 비록 적국의 왕자였지만 그를 사랑한 아리아드네는 영웅을 따라서 고향을 등진다. 하지만 낙소스 섬에서 잠깐 잠이 든 사이에 가엾게도 버림을 받고 말았다. 사랑의 상처만큼 아픈 것이 없거늘, 울다 지친 아리아드네는 석관 오른쪽 모서리에 새겨진 대로 잠에 빠져버렸다. 운명이었을까? 때마침 이곳을 지나가던 포도주의 신인 디오니소스는 마른 눈물 자국을 남기고 잠든 이 여인을 보는 순간 사랑에 빠졌다. 그는 아리아드네를 자신의 반려로 삼아 죽음에서 벗어나지 못하는 인간인 그녀가 영원히 살 수 있게 해주었다.

이것이 바로 이 석관을 주문한 사람의 바람이다. 그 누구도 알지 못하는 죽음의 세계 앞에 섰을 때 모든 인간이 바라는 것은 오직 한 가지다. 다음 세상에서는 탈 없이 불멸하리라는 희망의 약속이다.

로마 시절 사용하던 스핀트리아의 앞뒷면

카살레의 빌라 로마나에도 폼페이처럼 에로틱한 장면의 모자이크가 장식되어 있다. 넓은 집에 다양한 목욕탕 시설을 갖춘데다 많은 객실을 가진 데에서 그런 주장이 비롯되었을 것이다.

그러나 결정적인 실마리 하나가 이를 깨끗이 부정한다. '스핀트리아'라는 유품이 이곳에서 전혀 발굴되지 않은 까닭이다. 이것은 청동으로 찍어낸 동전으로서 매춘업소에서 사용하던 지불 수단이다. 그때는 손님이 매춘부에게 직접 돈을 치르지 않았다. 먼저 포주에게 이 동전을 산 다음, 성관계를 가지기 전에 여자에게 이를 건넸다.

스핀트리아에는 열여섯 가지 종류가 있는데 동전의 한쪽 면에 1에서 16 사이의 한 숫자를 새겼다. 반대쪽에는 그 번호에 해당되는 성교 체위를 부조로 찍어놓았다. 말이 통하지 않는 외국인 손님까지도 자신의 요구를 간단하게 나타낼 수 있는 방법이다. 따라서 이 시대의 매춘 구역에서는 빠짐없이 스핀트리아가 출토되어 고고학적 고증을 가능케 해준다. 그런데 카살레의 빌라 로마나와 그 주변에서는 단 한 점의 스핀트리아도 찾아볼 수 없었다.

시들지 않는 꽃, 모자이크

로마 문명의 발굴지가 어디 한둘일까마는 이 유적지의 중요성은 남다르다. 유네스코 문화유적지로 지정된 카살레의 빌라 로마나의 빛나는 보석은 바로 모자이크 장식이다. 로마 시대의 모자이크 가운데 세계에서 가장 넓은 면적 위에 수놓아진, 흡사 돌의 꽃밭이다. 그것에 담긴 내용은 놀라운 기술이나 아름다움의 영역에만 머물지 않는다. 시간의 단절을 뛰어넘어 그리스와 로마의 문명을 너무나 생생하게 보여주기 때문이다.

구경하며 돌아보는 데만 몇 시간 걸리는 넓이를 이빨보다 작은 색색의 돌로 빈틈없이 채워 넣은 정성이 실로 대단하다. 새겨진 내용들도 기막히다. 모자이크에 담긴 이야기들은 잘 알려진 그리스 로마 신화들이 많다. 더불어 로마 시절의 생활철학이나 일상의 모습을 담고 있어 더욱 가치 있다.

모자이크는 바탕에 그려진 밑그림에 따라 작은 조각들을 붙여서 어떤 모양을 만들어내는 기술이다. 주로 사용하는 재료는 돌, 조가비, 유리였다. 돌은 대리석을 많이 썼는데 여러 가지 색이 있는데다 잘게 자르기 좋은 성질을 지닌 까닭이다. 유리는 온갖 색깔을 낼 수 있지만 약하기 때문에 바닥보다는 벽과 천장 장식에 주로 쓰였다. 빛을 많이 받아들여야 했던 비잔틴 미술에서는 그 유리 모자이크의 찬란한 효과를 한껏 드날렸다. 몬레알레에서 만난 비잔틴 예술도 모자이크에서 피어난 황금 꽃이다.

모자이크 기법은 메소포타미아 문명의 구운 점토에서 시작됐다. 그리스 문화가 거기에다 예술적 감각을 보탰고 로마인들이 이를 좀더 실용적으로 사용했다. 로마인들은 모자이크가 가진 아름다움과 단단함을 살려 중요한 공공장소와 고급 저택의 바닥에 깔았다. 흙 속에서 고스란히 살아남은 카살레의 빌라 로마나의 모자이크는 전체 규모뿐 아니라 뛰어난 예술성과 내용에서 로마 시절의 모자이크가 지닌 놀라움을 한껏 보여준다.

카살레의 빌라 로마나의 모자이크는 한 사람의 예술가에 의해 완성될 수 없는 규모로, 여러 뛰어난 장인들의 솜씨로 이뤄졌다. 사실적이며 섬세하게 표현된 점으로 비춰볼 때 이집트를 비롯한 북아프리카의 숙달된 기술이 크게 영향을 미쳤다고 보인다. 이 모자이크에는 시칠리아의 풍경도 담겼고 생활 풍습과 생동감이 넘치는 로마의 시대 상황도 어우러져 있다.

상상을 넘어서는 로마인들의 쾌락

카살레의 빌라 로마나의 '작은 서커스의 방'을 수놓은 모자이크는 로마의 원형대경기장 Circus Maximus을 그대로 본떠 만들었다. 원형대경기장은 영화 「벤허」의 절정이었던 전차 경주가 벌어진 곳이다. 길이 600미터, 폭 200미터에 이르러, 한 바퀴를 돌려면 약 1.6킬로미터를 달려야 하는 셈이다. 원형대경기장의 전차 경주에서 1등을 차지하려면 역사상 가장 커다란 경기장을 무사히 일곱 바퀴 돌아서 남들보다 먼저 도착해야 한다. 목숨을 거는 힘겨운 경기를 치러야 했다.

그 당시 로마인들의 마음을 사로잡았던 이 거대하고도 격렬한 놀이는 무려 30만 명에 이르는 관중을 한자리에 모을 수 있는 경기장을 만들게 할 정도로 대단했다. 「벤허」의 배경이 되었던 시기에도 25만 명에 가까운 구경

카살레의 빌라 로마나의 평면도

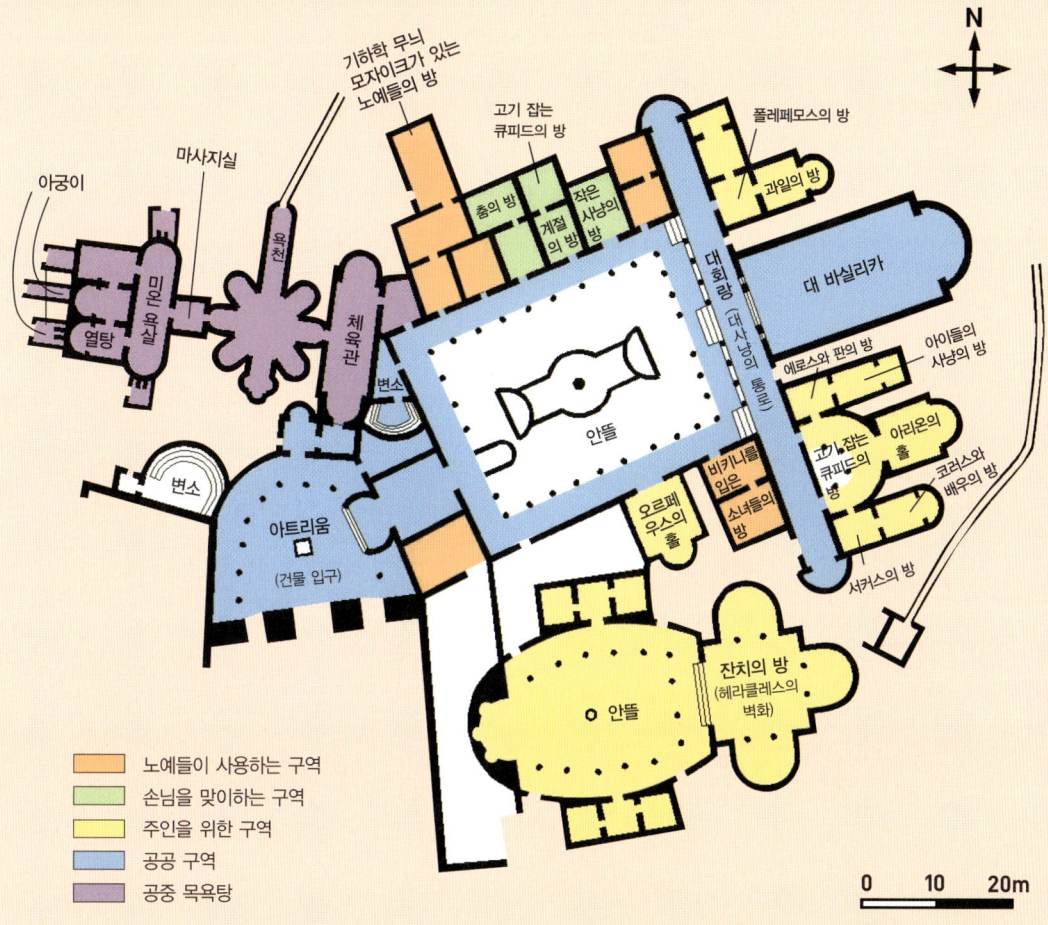

카살레의 빌라 로마나는 건물 면적만 1천 평이 넘는 전원 별장이다. 이 별장은 주인을 위한 구역, 손님을 맞이하는 구역, 노예들이 사용하는 구역, 공공구역, 그리고 공중목욕탕으로 나뉜다. 별장 한가운데는 연못과 정원이 넓게 있고 이를 직사각형 모양의 회랑이 둘러싼다. 그곳을 중심으로 50개도 넘는 크고 작은 공간들이 갖은 모양새로 펼쳐진다.

꾼들을 불러 모은 이 전차 경주는 로마인들의 믿음과 생각이 스며든 전 국가적인 쾌락이었다.

원형대경기장 한가운데는 이집트에서 가져온 오벨리스크가 세워져 있었다. 끝이 뾰족한 이 사각 기둥은 이집트인의 생각처럼 태양을 상징했다. 그것을 중심으로 말이 이끄는 전차를 타고 빙글빙글 도는 것이 태양의 신 헬리오스가 마차를 타고 하늘을 가로지르는 것과 마찬가지 뜻을 지녔기 때문이다. 경기장을 일곱 바퀴 도는 까닭은 일주일의 7에서 비롯됐다.

출발 지점에는 열두 개의 문이 있었고 가장 뛰어난 경주 전차 팀은 넷으로 좁혀진다. 12라는 숫자는 1년의 열두 달을 가리키고 4는 자연의 4대 원소이자 사계절을 나타낸다. 봄은 녹색이며 땅과 황제를, 여름은 붉은색이며 불과 반대파를, 가을은 푸른색이며 물과 귀족을, 그리고 겨울은 흰색이며 공기와 시민을 상징한다.

카살레의 빌라 로마나의 바닥에도 이집트 오벨리스크를 중심으로 타원형 고리처럼 생긴 경기장이 축소판으로 그려졌다. 여기서는 두 개의 오벨리스크를 가졌던 로마의 원형대경기장과는 달리 오직 한 개만 세워졌다. 이 점에서 카살레의 빌라 로마나가 만들어진 시기를 확인할 수 있다는 사실이 매우 흥미롭다. 원형대경기장에 세티 1세와 그의 아들 람세스 2세를 기리는 오벨리스크를 처음으로 세운 때는 아우구스투스 황제의 기원후 10년이었다. 그 뒤로 이집트의 가장 큰 오벨리스크를 나일 강가의 카르나크 신전에서 가져와 로마의 경기장 한가운데 두 번째로 세운 것은 콘스탄스 1세가 지배했던 357년이었다. 따라서 붉은 화강암 돌기둥이 아직 하나만 새겨진

'작은 서커스의 방'을 수놓은 모자이크다. 이 네모난 공간은 아이가 자는 방으로 들어가는 현관 구실을 했다. 그래서 말 대신 여러 동물들을 재미있게 그려 넣었고 기수를 비롯한 등장인물들이 모두 어린아이들이다.

중앙분리대 한가운데는 지금도 로마에 서 있는 아우구스투스 황제의 오벨리스크가 오똑하다. 그 둘레를 네 대의 전차가 돌고 있는데 이 장면은 일곱 바퀴를 마치고 결승점으로 들어오는 순간이다. 아랫부분의 오른쪽이 비둘기 전차이고 뒤를 이어 홍학, 거위, 그리고 다리 긴 새가 들어온다.

카살레의 빌라 로마나는 두 시점 사이에 만들어졌다는 결론에 이른다.

그 둘레를 네 대의 전차가 달리고 있다. 로마인들은 두 마리에서 네 마리의 말이 끄는 전차 경주를 몹시 즐겼다. 여기서는 홍학, 거위, 비둘기, 그리고 두루미처럼 다리가 긴 새에 전차를 맸다. 전차를 모는 기수도 어린애들이다. 그 가운데서 비둘기가 가장 먼저 결승점에 들어오고 승리자에게 월계수가 건네진다.

로마인의 생활상이 나타난 이런 광경은 사계절을 상징하기도 한다. 새들의 목에는 계절을 암시하는 식물들이 엮여 있다. 봄의 장미, 여름의 이삭, 가을의 포도, 그리고 겨울의 잎이다. 그런데 먼저 도착하는 차례가 봄, 가을, 겨울, 그리고 여름이라서 계절이 제멋대로 순환하는 익살스러움이 들어 있다. 또한, 봄과 황제를 뜻하는 초록색 전차가 승리를 거둔 것도 이 별장의 성격을 간접적으로 드러내준다.

즐거움을 위해 온 세상을 돌아서

"빵과 놀이"를 외치던 로마인들은 전차 경주를 하던 원형대경기장 말고도 콜로세움 같은 또 다른 원형경기장에서 잔인한 즐거움을 맛보았다. 여기서는 목숨 걸고 싸우는 검투사들의 결투, 맹수와의 대결, 실제로 물 위에서 재현되는 해상 전투가 벌어졌다. 동물과 싸우는 사람들은 검투사보다 등급이 낮다. 노예의 신분을 벗어나려고, 혹은 사형 선고를 지우려고 죽을힘을 다해 무서운 짐승들과 맞서 싸웠다. 별다른 무장도 갖추지 못한 채 굶주린 맹수와 사투를 벌여야 하는 극한에 다다른 인간의 상황은 '세계의 주인'이라는 자부심에 목마른 로마 시민들의 끝없는 욕구를 달구어주었다.

몸뚱어리 하나로는 보잘것없지만 모여서 한 무리를 이룰 때의 동물적 본성이 얼마나 잔혹한가는 로마의 역사를 통해 그 걷잡을 수 없는 심리가 낱낱이 드러난다. 콜로세움 경기장의 완공을 기념하는 한 번의 행사에서 자그마치 9,000마리의 맹수들을 학살했다는 기록이 전해진다. 죽음으로 몰린 짐승들에게 제물이 되어야 했던 인간들까지 합치면 그 역겨운 피비린내는 귀를 때리는 함성과 더불어 온 경기장을 가득 메웠을 것이다.

카살레의 빌라 로마나를 남북으로 가로지르는, 길이만 66미터에 이르는 '대 사냥의 통로'에 새겨진 내용도 그런 로마 시대의 과거를 불러일으킨다. 세계 각 지역에서 희귀한 동물들을 붙잡아 로마로 운송하는 생생한 장면들이 파노라마처럼 펼쳐진다. 여기에 나타난 지역은 로마제국의 12개 주 가운데서 아프리카, 인도, 이탈리아다.

야생동물의 천국이었던 아프리카에서는 갖가지 동물들을 사로잡아 북아프리카의 항구도시인 카르타고에서 배에 싣는다. 인도 땅에서는 유리구슬에 비친 제 모습을 보고 얼이 빠진 호랑이를 사로잡는 장면이 나온다. 이집트 알렉산드리아 항구에서는 코끼리를 배로 끌어들이고 있다. 로마에서 남서쪽으로 35킬로미터 떨어진 오스티아 항구에서 세계 각지로부터 보내온 진귀한 포획물들을 부리는 장면도 꼼꼼히 그려졌다.

차츰 로마에서 멀어질수록 전설에 나오는 환상적인 동물들을 잡는 장면으로 이어진다. '대 사냥의 통로' 남쪽 끝에 자리한 반원형 공간에는 인도를 상징하는 가무잡잡한 피부의 여자가 마지막으로 등장한다. 그녀 둘레에는 암호랑이와 코끼리와 불사조가 같이 자리했다. 여기에 나오는 코끼리는 표정도 순한데다 귀를 조그맣게 나타내서 아프리카 코끼리와 구별하는 정확함까지 잃지 않았다.

통로를 따라 파노라마로 수놓아진 모자이크들은 세계지도인데, 제국의 힘을 과시하고 사냥 장면으로 로마인의 기질을 드러냈다. 이 모자이크들은 고구려 무용총 벽화에 나오는 수렵도처럼 어딘가 서툴고 투박하지만 힘찬 움직임과 간결한 함축미가 기막히다. 유럽에서 볼 수 없는 동물들을 사실대로 그려냈고 맹수와 싸우는 로마인의 긴장감도 실감나게 나타낼 줄 알았다.

나일 강 삼각주에서 코뿔소를, 인도에서 호랑이를, 모리타니에서 표범을, 아프리카 총독의 영토에서는 사자를 잡는다. 그밖에도 타조, 영양, 멧돼지, 낙타, 야생마, 코끼리, 하마 등을 잡아 로마까지 배로 실어왔다. 로마인들이 즐기는 동물과의 격투와 서커스에 필요한 동물들이었다. 이런 사냥을 준비하려고 로마제국에서 솜씨 있는 사냥꾼들을 끌어 모으고 용감한 군대까지 조직했다. 로마제국의 즐거움을 위해 지금으로부터 2,000여 년 전에 지구 곳곳을 돌아다니며 온갖 신기한 것을 찾아다닐 만큼 막강했던 힘의 대서사시가 시칠리아 섬에 자리한 시골 별장에 모자이크로 맺혀 있다.

이런 사실적 내용뿐 아니라 카살레의 빌라 로마나 바닥에는 상상의 동물들도 여럿 그려졌다. 사자 몸통과 독수리의 날개와 날카로운 부리를 가진 그리핀은 호랑이와 함께 인도 지역에 나타난다. 기원전 2000년경 전부터

'대 사냥의 통로' 남쪽 끝에 자리한 반원형 공간이다. 반달 모양으로 꾸며진 모자이크 바닥에는 반라의 여인이 바위에 걸터앉아 있다. 인도 느낌이 나는 동양 여자는 오른팔로 나무를 붙잡고 왼팔로는 값진 상아를 끌어안았다. 턱밑에서 가슴과 배에 이르기까지 흰털로 덮인 호랑이 모습을 매우 정확하게 표현했다. 그러나 창살무늬를 코끼리 거죽에 그려 넣은 것은 엉뚱한 생각이다. 환상적인 새로 알려진 불사조는 전설에 나오는 대로 향기로운 나뭇가지로 된 둥지에 불을 지펴 자신을 불사르고 있다.

'대 사냥의 통로'에 새겨진 모자이크의 한 장면으로, 더운 지방의 야자수들이 서 있는 언덕을 배경으로 사자와 표범 들이 영양을 사냥하고 있다. 날렵한 표범은 어느새 영양의 등에 올라타 목을 깨물고 어깻죽지에 화살을 맞아 성이 치밀어 오른 암사자는 쓰러진 로마병정을 덮치는 중이다. 단순하고 도식적이어서 모자이크 예술의 한계가 드러났지만 그러면서도 사실적이고 생동감 넘치는 느낌이 살아 있다. 도판 아랫부분에는 잡은 짐승들을 손수레에 실어 운반하는 로마 군단의 모습이 보인다.

근동지방과 그리스 예술에 모습을 드러낸 이 신화적 동물은 줄곧 신성한 존재로 여겨져왔다. 하지만 카살레의 모자이크에서는 상자 안에 미끼로 가두어둔 어린애를 잡아먹으려는 사나운 짐승으로 등장한다.

죽음 다음의 세계에 뿌리내린 이집트인들의 생각에서 시작된 불사조는 다시 태어나려는지 타는 불 속에 자신을 맡기고 있다. 눈부신 황금깃털을 태워서 한 줌의 재가 되고 그 재에서 다시 새로운 생명으로 거듭나는 이 새는 낮과 밤을 번갈아 가며 다시 떠오르는 해를 나타내는 속뜻을 품고 있다. 모자이크에서도 새의 머리 뒤에 있는 둥근 덩어리에서 빛이 퍼져 나온다. '대 사냥의 통로'에서는 신화에 나오는 신비의 동물들을 모두 인도가 자리한 곳에 새겨놓았다. 이로써, 로마인의 생각 속에 자리한 동양세계의 이미지를 가늠해볼 수 있다.

셀 수 없는 조각들이 그려내는 신화들

그리스 신화를 수놓은 방에서는 낯익은 신화의 주인공들을 만날 수 있다. 그 엄청나고 복합적인 이야기 속에서 가장 위대한 시인이자 음악가였던 오르페우스는 음악 연주를 위한 방의 모자이크에 등장한다. 그 방의 모퉁이에는 시와 음악의 신인 아폴론의 조각상이 세워져 아득히 먼 곳에서 들려오는 리라의 선율이 향기처럼 폐허의 방 안을 떠도는 듯하다.

오르페우스란 이름은 모든 예술가들이 겪어야 했던 사랑의 비극을 가리키는 것일까? 사랑하는 아내 에우리디케의 죽음을 전해들은 시인은 지금의 발칸반도 지역인 트라키아를 미친 듯이 헤매고 다녔다. 그래도 사그라지지 않는 슬픔이 복받친 가슴은 오르페우스를 마침내 죽음이 지배하는 지하세계로 내려가게 만들었다.

애끊는 감동의 노래는 한 번도 닫힌 마음을 풀지 않았던 하데스마저 움직이고 말았다. 죽은 연인을 기어이 살려냈으나 그 기쁨은 죽음의 세계를 채 벗어나기도 전에 끝나버린다. 지하세계를 벗어나려 길을 가던 시인은 뒤따르던 에우리디케가 걱정스러워진 나머지 약속을 잊고 뒤를 돌아보았기 때문이다.

그 순간 영원히 자신의 눈앞에서 사라져버린 사랑 때문에 오르페우스의 가슴은 시커먼 재로 변해버리고 말았다. 더이상 그의 리라에서는 아름다운 소리가 흘러나오지 않았고 사랑은 증오로 바뀌어 모든 여자를 멀리했다. 그런 오르페우스로부터 모욕감을 느꼈던 무녀들이 시인을 갈기갈기 찢어버림으로써 오르페우스는 비극의 주인공이 되어버렸다. 강물조차 흐름을 바꿀 만큼 감동적인 그의 노래와 연주는 두 번 다시 들을 수 없게 되었다.

카살레의 빌라 로마나 바닥에 남겨진 오르페우스의 모자이크만큼은 아직도 선명하다. 그는 한가운데 바위에 앉아 리라를 연주하고 시를 읊조린다. 그 노래는 귓가를 스쳐가는 봄바람보다도 더 부드러운데 코뿔소에서 고슴도치에 이르는 숱한 동물들이 넋을 놓고 감상한다. 식물들도 매한가지다. 여기서는 애틋한 사랑에 검은 그림자가 아직 드리워지지 않은 시점을 그려놓았다. 공작새의 화려한 꼬리와 앵무새의 뒤뚱거리는 걸음걸이와 재미난 낙타들의 등장은 오히려 로마제국의 화려한 영광의 시간을 보여준다.

카살레의 빌라 로마나의 중심에는 분수와 정원을 가진 안뜰이 자리한다. 그 뜰을 끼고 도는 회랑에 붙은 오르페우스 방은 집주인이 개인 공간으로 사용하던 곳 중 하나다. 살아 있는 것은 말할 것 없고 무생물조차 감동시키는 오르페우스의 노래와 연주가 가득한 이 방에는 갖가지 짐승들이 모였다. 모든 눈길이 한가운데 자리한 시인에게 쏠리는데 그에게 홀려버린 동물들을 나타낸 모자이크에서도 매우 아름답고 뛰어난 예술적 감각을 느낄 수 있다.

도판에서는 공작새의 화려한 꼬리와 온순하나 고집스런 성격이 드러난 낙타와 귀여운 고슴도치가 보인다. 고슴도치 밑에 짙게 그어진 선은 그림자를 나타낸 것으로 평면에서 입체감과 율동감을 표현하기 위해 로마 시절의 모자이크 양식에서 자주 쓴 기법이다. 가장자리에 보이는 월계수꽃 줄은 방 둘레를 섬세하고 화려한 무늬로 테두리 짓는다.

로마인의 잔치에 나타난 헤라클레스의 전설

그리스 신화에서 가장 위대한 영웅인 헤라클레스의 모자이크는 손님들을 맞아 잔치를 즐기던 방에서 만나볼 수 있다. 길이가 약 25미터에 이르는 이 방은 꽃잎 모양으로 생겼다. 네모반듯한 방의 3면을 끼고서 세 개의 반원형 공간이 덧붙여진 꼴이다. 중심이 된 네모난 방을 둘러싸면서 세 방향으로 각각 들어선 공간에는 침상들이 있었다.

배 터지게 먹고 마시고 게워내고 다시 배를 채웠던 상류층 로마인들이 비스듬히 누워서 식사하던 곳이다. 가운데 넓게 열린 공간은 음식과 술잔치에 모인 손님들의 흥을 돋우는 공간이다. 음악과 노래와 춤이 곁들여지면서 입의 쾌락과 더불어 눈과 귀의 즐거움까지 보태주었다.

그 방바닥에 아무도 이겨낼 수 없는 영웅 이야기와 술과 잔치의 신인 디오니소스 이야기를 색색깔의 깨알 같은 돌조각으로 박아놓았다. 바닥 장식까지 술기운을 한층 북돋워주는 꼼꼼한 배려를 잊지 않은 셈이다. 술에 취하면 누구나 영웅이 되지만 여기에 나오는 헤라클레스는 '열두 번의 노역'을 용감하게 해내고 있다. 네메아의 사자를 때려잡고 머리가 아홉 개인 괴물 히드라를 없애버리고 아마존 여왕의 허리띠도 가져오고 마지막에는 지하세계를 지키는 개 케르베로스를 잡아왔다. 세 개의 반원형 공간 바닥에 수놓아진 장면에서는 제우스에게 대든 거인들을 물리친다. 마침내 영웅은 신이 되어 황금 사과나무 앞에서 영광의 월계수관을 받는다.

사랑의 비극적 종말을 맞은 상대를 꽃과 나무로 변신시킴으로써 숱한 사랑의 불장난을 마무리 짓던 아폴론은 같은 남성이면서도 미소년인 키파리

잔치의 방에 장식된 헤라클레스 신화의 모자이크다.

바다에 널브러진 육중한 몸통의 사자가 네메아의 사자다. 헤라가 헤라클레스에게 내린 어려운 숙제의 하나로서 열두 노역의 첫 번째 고비였다. 이 사자 가죽은 무엇으로도 뚫을 수 없이 단단하여 헤라클레스가 쏜 화살도 튕겨나가고 말았다. 어쩔 수 없이 들고 다니던 우람한 올리브 나무 몽둥이로 사자를 두들긴 뒤 엄청난 힘의 두 팔로 목 졸라 죽였다. 사자의 발톱으로 겨우 자르고 벗겨낸 가죽은 그의 든든한 갑옷이 되어 헤라클레스의 상징물 가운데 하나가 되었다.

모자이크인데도 사자를 너무나 정확하게 나타냈고 죽어 쓰러진 모양새도 정말 실감나게 그려냈다.

그 아래에 로마 병정의 차림새로 쓰러진 세 명의 인물은 게리온으로, 실은 세 개의 머리와 세 개의 몸통을 가진 거인이다. 그는 지금의 지브롤터 해협 가까운 섬에서 멋진 소 떼를 지키고 있었다. 그 소 떼를 훔쳐 와야 하는 헤라클레스는 이번에도 그를 가로막는 모든 장애물들을 해치우고 말았다. 그리고 유럽과 아프리카 대륙이 가장 가깝게 만나는 지브롤터 해협의 양쪽에 거대한 돌기둥을 세운 전설을 남겼다.

모자이크에 나오는 게리온은 머리에서 피가 흐르며 힘이 다 빠진 모습인데 실은 헤라클레스의 화살에 희생물이 되었다고 전한다. 도판 위쪽으로 보이는 두 개 돌기둥의 밑동은 네모난 가운데 공간에서 식사용 침상이 놓인 반원형 공간으로 이어지는 입구 부분이다.

소스Cyparissus를 사랑했다. 고대 그리스에서 사회적 관습처럼 내려오던 동성애의 흔적이 드러나는 대목이다. 키파리소스에게는 애정을 다해 키우던 사슴 한 마리가 있었는데 그는 덤불에서 잠자던 사슴을 얼떨결에 죽이고 마는 실수를 저질렀다.

슬픔과 자책감을 참을 수 없었던 미소년은 스스로 목숨을 끊으면서 신에게 영원토록 자신에게서 고통의 눈물이 마르지 않게 해달라고 빌었다. 아폴론은 어쩔 수 없이 키파리소스를 사이프러스로 변하게 해주었다. 그 뒤로 이 나무 기둥에서는 눈물 같은 수액이 멈추지 않고 흘러나왔고 사람들은 슬픔의 장소에 이 나무를 심었다.

사이프러스는 잎이 사철 푸르고 지구상에서 가장 오래 사는 나무의 하나라서 누구나 바라는 죽음 다음의 영원한 삶을 상징하는 나무가 되었다. 그런 저런 까닭으로 지중해를 끼고 있는 오래된 공동묘지에서는 사이프러스를 흔히 볼 수 있다. 아르놀트 뵈클린의 「죽음의 섬」이란 인상적인 작품에서 그 슬픈 유래를 진하게 느낄 수 있다.

바다를 감동시킨 아리온

카살레의 빌라 로마나의 모자이크에는 사냥을 다룬 장면이 자주 등장하지만 바다를 무대로 하는 이야기들도 흔하게 나온다. 이곳이 별장인 까닭에 왕족의 가장 즐거운 놀이거리인 사냥을 빠뜨릴 수 없고 이곳이 섬인 까닭에 사방을 둘러싼 바다를 놓칠 수 없다. 그 바다를 나타낸 모

그리스를 상징하는 나무로 올리브나무를 꼽는다면 이탈리아를 그려내는 나무로는 사이프러스를 떠올리게 된다. 아피아 가도를 따라가는 소나무들도 로마의 분위기를 너무 잘 나타내지만 사이프러스야말로 태양 빛이 넘치는 이탈리아 땅에 기막히게 어울리는 초록색 수를 놓는다. 토스카나의 구릉지대에서 아말피 해안에 이르기까지 푸른 하늘을 찌를 듯이 늘씬한 자태로 이탈리아 반도를 따라 달린다. 이집트에는 햇살을 상징하는 오벨리스크가, 이탈리아에는 햇살 모양의 사이프러스가 하늘로 치솟는다. 카살레의 빌라 로마나 정원에 서 있는 사이프러스.

아르놀트 뵈클린, 「죽은 자들의 섬」
목판에 유채, 80×150cm, 1880, 바젤 미술관 소장

19세기 초반에 스위스 바젤에서 태어나 19세기 후반의 독일 미술계에 짙은 영향을 남기고 20세기가 시작될 무렵 이탈리아에서 죽음을 맞이한 뵈클린의 대표작이다. 그는 감추어진 의식의 흐름과 신비의 알레고리로써 20세기의 서막을 알리는 나팔소리 같은 작품들을 만들어냈다. 그는 독일 낭만주의의 흐름을 따르고 아르누보의 움직임을 지닌 채 신화와 같은 상징적 세계를 자주 들랑거렸다. 죽음과 고독과 바다와 폐허가 그의 길잡이였다.

어둠과 긴장감을 몰고 오는 구름이 하늘을 덮는 바다에 바위섬 하나가 외롭게 떠 있다. 암벽엔 죽은 이의 안식처를 알려주는 동굴들이 있고 섬 가운데엔 죽음을 기리는 사이프러스가 찌를 듯이 높이 솟아 있다. 그 섬의 입구로 미끄러지듯이 다가가는 배 한 척이 살아 있는 인간의 유일한 흔적이다. 한 사람은 뱃전에 앉아 말없이 노를 젓고 하얀 천으로 온몸을 감싼 인물은 이겨낼 수 없는 슬픔에 빠졌는지 관 앞에 하염없이 서 있다.

이것이 모든 「죽은 자들의 섬」들이 가진 기본 뼈대다. 뵈클린은 '죽은 자들의 섬'이란 주제를 가지고 1880년에서 1886년까지 5점의 비슷한 그림을 그렸다. 하나는 제2차 세계대전 때 사라지고 나머지는 베를린, 뉴욕, 바젤, 라이프치히에 있다.

환상적인 상상과 깊은 알레고리에 젖은 뵈클린의 의식은 어떤 기틀을 가졌기에 이렇게 적막하고 신비스런 죽음의 무대를 찾게 되었을까? 그는 알프스 북쪽의 사람이었지만 지중해를 끼고 있는 이탈리아의 자연에 더 끌리고 그곳을 늘 그리워했다. 조용한 바다가 있고 시퍼런 사이프러스들이 뾰족이 솟은 그림 속의 분위기는 그가 동경하던 지중해의 비린내를 풍긴다. 또한, 글쓴이가 끌리듯이 찾아갔던 빌라 구아렌티의 기억을 닮았다. 그곳의 사이프러스가 드리우는 짙은 그늘 아래에는 야릇한 신비감이 숨겨져 있다. 북 이탈리아 가르다 호수의 잔잔한 물결이 산 비질리오 곶을 살랑거리며 외딴 섬 같은 느낌을 주었기에 더욱 그러했다. 수백 년 묵은 사이프러스들이 줄지어 하늘을 찌를 듯하고, 그 그림자들은 시간 저편으로 가는 길목을 지킨다. 그 사이로 잡히지 않는 고요만이 나지막이 떠돌고 있었.

그 길이 끝나는 곳에 16세기 베네치아풍의 빌라 구아렌티가 자리한다. 중세의 수도승이 살았던 곳에 세워진 이 매력적인 저택의 군데군데로 폐허의 우아한 그림자가 떠돌고, 정원의 키 높은 레몬나무는 황금 열매를 주렁주렁 달았다. 그 사이로 보이는 그늘진 담집 속의 비너스는 신비한 정원의 비밀을 홀로 지키고 있다.

마을을 돌아다녀도 마주치는 이 없고 발걸음 소리만 골목길을 울리는 정적의 무게는 한 번도 가본 적 없는 낯선 나라를 엿보는 듯한 느낌에 휩싸이게 했다. 굳게 닫힌 빌라 구아렌티의 묘한 향기와 죽음의 거울처럼 반반한 호수에 떠 있는 산 비질리오 곶의 배경이 지나가버린 시간 속에서 엉겨버릴 때 「죽은 자들의 섬」이 보여주는 무대가 문득 떠오른다.

스위스, 독일, 이탈리아를 번갈아 살던 뵈클린은 말년에는 피렌체가 한눈에 내려다보이는 피졸레라는 마을에서 살다 죽었다. 이탈리아의 빛과 고전의 매력과 지중해의 전설에 사로잡힌 그가 죽음의 깊은 상처를 받았던 곳도 피렌체였다. 자신의 사랑스런 어린 딸을 먼저 저세상으로 보내야 했기 때문이다. 지워지지 않을 아픔과 그리움을 묻어놓은 묘지가 그곳에 있다. 이 공동묘지에도 어김없이 사이프러스가 하늘로 치솟아 있다. 이렇듯, 「죽은 자들의 섬」 연작의 배경은 지중해를 품는 이탈리아적인 분위기로부터 비롯되지 않았나 짐작된다.

이 그림은 일찍 남편을 여읜 슬픔과 현실을 벗어날 수 있는 꿈의 세계를 그려달라는 부탁을 받아 시작되었다. 첫 번째 그림이자 가장 널리 알려진 바젤 미술관의 「죽은 자들의 섬」이 만들어진 때는 뵈클린이 아직 크게 알려지지 않은 1880년이었다. 피렌체에서 넉넉지 못한 생활로 작업하던 시기였다. 베를린에 소장된 1883년 작품은 한때 히틀러의 관저에 걸려 있었는데 그만큼 그의 작품세계는 19세기 독일 민족의 정신을 드러낸 걸작으로 여겨졌다. 돌섬이 병풍처럼 더 높이 에워싸고 하늘엔 먹구름이 휘감기고 배 위에 선 인물이 윗몸을 숙인 채 좀 더 감정적인 표현이 강하게 드러난 1886년의 마지막 작품은 라이프치히에 있다.

바젤에 있는 이 그림 속에는 무엇이든 품을 듯이 우묵하게 들어선 섬을 향해 다가가는 조각배 한 척이 있다. 마지막 목적지로 떠날 죽은 자의 관을 뱃머리에 싣고. 더불어 엄숙한 의식의 사제처럼 꼿꼿이 선 인물과 등을 보인 채 노 젓는 긴 머리의 인물이 보인다. 죽은 이의 영혼을 배에 싣고 죽음의 강 스틱스를 건너는 뱃사공 카론을 떠올릴 만한 장면이다. 죽음과 생명을 서로 떼어낼 수 없듯이 섬과 배의 연결고리도 하나로 맞물리는 듯하다. 아니면 신비의 섬이 주검을 실은 배를 불러들이는 것일까? 뵈클린은 자신의 뜻과는 다르게 상업성이 짙은 '죽은 자들의 섬'이란 제목을 내내 못마땅하게 생각했다. 그래도 그림에 담긴 그의 예술성만큼은 영원한 진리의 침묵이 장엄하게 자리한 섬을 가슴 뭉클하게 그려낸다.

자이크의 방에는 갖은 무늬들로 아름답게 펼쳐놓은 아리온의 신화가 울려 퍼진다. 몹시 화려했던 이 거실은 별장의 안주인이 음악을 즐기거나 마음의 교양을 쌓던 곳이다.

고대 그리스인들의 상상은 지구를 둘러싸고 흐르는 강을 생각해냈는데 이 강의 신을 오케아노스라고 불렀다. 하늘과 땅의 신 사이에서 태어난 오케아노스는 머리카락과 수염이 더부룩한 나이든 남자의 모습으로 묘사됐다. 머리에는 게의 집게발처럼 생긴 것이 솟아나 있다. 이 방에서도 온갖 바다의 생명체들이 오케아노스의 입에서 쏟아져 나와 바다를 이룬다. 강들이 모여 바다를 이루는 모습을 이렇게 멋진 상상력으로 표현한 그리스인들의 숨결이 가까이 느껴진다.

그들에게 마음의 고향은 바다다. 거기에 등장한 그리스의 전설적인 시인 아리온은 돌고래 위에서 비너스처럼 거의 드러낸 알몸으로 리라를 연주한다. 그 둘레로 뱀장어, 바다의 요정, 물고기, 문어, 조개, 인간과 물고기로 된 트리톤, 성게, 오징어, 바다괴물, 푸토 putto 등이 그에게 몰려든다. 아리온의 신화는 그리스와 시칠리아 등지를 돌아다니며 자신의 시와 음악으로 사람들을 감동시킨 뒤 고향으로 돌아가는 배 안에서 시작된다. 아리온이 가진 재물에 갑자기 눈이 멀어버린 선원들이 그를 죽이려 했다. 시인은 마지막 소원을 빌어 갑판에서 리라를 연주하며 슬프고도 간절한 노래를 불렀다. 그리고 바다에 뛰어들었지만 그의 노래에 감격한 돌고래들이 그를 태우고 고향에까지 안전하게 데려다 준다. 그런 줄도 모르고 나중에 도착한 선원들은 그들 앞에 믿기지 않게 나타난 아리온에 깜짝 놀라 비로

아기 천사들이 바다에서 노는 장면들로 장식된 현관홀을 지나 아이들 침실로 이어지는 이 방은 뒤쪽에 난 네 개의 창문 때문에 유난히 밝은 빛이 가득하다. 안주인의 거실이었기에 아이들 방과 붙어 있었고 화려했다.

도판에는 이야기의 주인공인 아리온이 돌고래의 등 위에서 리라를 연주하고 그의 음악과 노랫소리에 홀린 바다의 모든 생물들이 몰려든 장면이 묘사돼 있다. 그들의 감동을 나타내듯 두 명의 푸토는 시인의 발 아래로 붉은 방석을 받쳐 든다. 아리온의 알몸을 감싼 넓은 천은 펄럭이며 한껏 부풀어 있어 바닷바람을 가득 품고 쏜살같이 파도를 가르는 느낌으로 다가온다. 전설의 내용을 한 장면으로 나타내려니 이야기의 앞뒤가 맞지 않지만 가장 극적인 한 순간의 단면으로도 넉넉하게 줄거리를 되새겨준다. 시간의 때와 먼지의 얼룩을 지워낼 보수작업이 필요한 상태에 이르렀음에도 그 섬세하고 감동적인 표현의 놀라움을 감추지는 못했다.

흔히 다루지 않는 아리온의 이야기를 주제로 한 또 다른 모자이크 예술을 북아프리카의 튀니지에서 발굴한 적이 있다. 카살레 별장의 모자이크와 비슷한 시기에 고대 로마 공중목욕탕을 장식했던 것이다. 여기서도 아리온이 돌고래 등에 타고 있어 그 모습이 서로 닮았다. 카살레 별장의 모자이크 기술이 튀지니 지방 장인들의 솜씨이거나 이들과 영향을 주고받았을 것이라는 짐작을 해볼 수 있는 열쇠이다.

뿐만 아니라, 아리온의 길게 구불거리는 금발 위에 씌워진 원뿔 모양의 모자는 그리스 문명에 새겨진 프리지아 문화의 흔적을 보여준다. 기원전 12세기부터 지금의 터키 땅이 되는 아나톨리아 중서부 지역을 휘어잡은 프리지아 사람들은 이웃인 그리스와도 자연히 교류했다. 프리지아 사람들은 기원전 700년경에 다른 종족에게 무릎을 꿇은 뒤로 비참한 삶을 받아들여야만 했는데 바로 이때부터 프리지아 사람들의 이미지가 노예를 나타내게 되었다. 왕 한 사람이 온 나라를 다스리던 군주정치의 억누름을 깨뜨린 프랑스혁명 때 인간적 권리를 찾고자 하는 시민들이 저마다 머리에 썼던 모자도 바로 이런 상징을 지닌 프리지아의 원뿔모자였다.

거인 폴리페모스의 동굴 천장은 아치 모양으로 생겼고 그 위로 나무들이 자란다. 그 어두운 동굴 속에 거인과 오디세우스 일행과 양떼가 있다. 시칠리아 에트나 화산 동굴 속에 산다는 폴리페모스는 자신의 동굴 바위에 걸터앉아 숫양을 잡아먹고 있다. 실은 양이 아니라 오디세우스 일행 중 한 명이었겠지만 끔찍한 식인 장면을 에둘러 나타낸 것이다.

비록 마지막 차례로 정해졌지만 자신조차 잡혀 먹힐 날이 얼마 남지 않은 지략의 영웅은 멍청한 거인에게 그득하게 포도주를 갖다 바친다. 세 개의 눈을 단 거인을 올려다보는 오디세우스의 눈빛은 어느 때보다도 다급하고 슬기롭게 빛난다. 호메로스의 서사시와 오디세우스의 슬기와 모자이크의 빛깔이 한데 빚어진 기막힌 작품이다.

이탈리아에서 본격적으로 포도 농사를 시작한 것은 그리스인들이 이주해오던 기원전 1000년쯤으로 거슬러간다. 그곳이 바로 시칠리아 땅이었다. 이탈리아의 뛰어난 포도주 산지로서는 바롤로와 가티나라 등을 만드는 알프스 지역의 피에몬테 주와 키안티와 부르넬로 디 몬탈치노 등을 생산하는 토스카나 주가 가장 널리 알려졌다. 체라수올로 디 비토리아나 마르살라 등의 유명한 포도주를 가지긴 했어도 시칠리아의 포도주들은 질보다는 양으로 한몫한다.

뜨거운 태양과 바다의 소금기와 아프리카의 열기를 받는 시칠리아의 포도는 대부분 진하고 강한 맛의 술을 만들어낸다. 모자이크 그림 속에서는 우람한 덩치의 거인을 깊이 잠재우려고 오디세우스의 동료들이 술 자루에서 계속 시칠리아의 짙은 포도주를 쏟아내고 있다.

무시무시한 거인의 동굴에서 필요한 식량을 훔쳤으면 그냥 떠났어야 했는데, 동굴 주인에 대한 궁금증을 참지 못한 오디세우스의 호기심은 절반의 동료를 잃게 만들었다. 어쨌든 그런 어려움조차 찬찬한 꾀로 거뜬히 벗어났음에도 마지막 순간에는 자신의 이름을 밝히고 마는 자만심을 갖고 말았다. 마침내 거인의 아버지인 포세이돈의 화를 불렀고 집으로 돌아가는 뱃길에서 오랜 시간 동안 묶여 있을 수밖에 없었다.

까탈 많았던 오디세우스의 운명이 카살레의 빌라 로마나에서는 뛰어난 솜씨의 돌멩이 조각들 속에 녹아들었다. 전하는 말에 따르면, 거인의 동굴은 메시나에서 가까운 시칠리아 북쪽 바닷가의 밀라초 지역에 있었다고 한다. 동굴을 빠져 나온 오디세우스와 생존자들이 섬에 올 때 타고 온 배가 기다리는 바닷가로 곧장 도망가는 내용으로나 뒤이어 세이렌들의 유혹을 받았던 메시나 해협이 그 가까이에 자리한다는 점에 미루어 수긍이 가는 이야기다.

소 잘못을 털어놓고 벌을 받는다는 이야기다.

에트나의 거인을 골탕 먹인 오디세우스

시칠리아를 무대로 한 신화 가운데 빼놓을 수 없는 것이 폴리페모스에 붙잡힌 오디세우스의 이야기다. 시칠리아 바다의 요정인 갈라테이아를 사랑한 폴리페모스는 외눈박이 거인이었다. 그가 질투심에 갈라테이아의 애인인 양치기 아시스를 죽였던 이야기는 헨델이 오페라로 작곡했을 만큼 유명하다.

이 거인은 식량을 구하러 멋모르고 그의 동굴로 들어온 오디세우스 일행을 가두어버리고 차례로 두 명씩 잡아먹었다. 오랜 트로이전쟁을 승전으로 이끌고 집으로 돌아가던 오디세우스는 이번에도 남다른 슬기로 거인의 손아귀에서 빠져나간다. 꾀 많고 능갈맞은 트로이전쟁의 영웅은 양치기 거인에게 포도주를 흠뻑 취하도록 마시게 하여 깊이 잠들게 만들었다. 그런 뒤에 뜨겁게 달군 올리브나무 지팡이로 하나밖에 없는 그의 눈을 사정없이 찔러버린다. 다음 날, 오디세우스는 살아남은 일행과 함께 폴리페모스가 풀을 뜯어먹게 동굴 바깥으로 내보내는 양떼의 배에 꼭 붙어서 몰래 도망쳐 나올 수 있었다.

카살레의 빌라 로마나의 모자이크 그림에서는 동굴의 주인인 폴리페모스가 널찍한 바위에 앉아 오디세우스가 바치는 포도주 항아리를 받으려 한다. 오디세우스 뒤쪽에는 그의 일행이 부지런히 포도주를 따르고 있다. 그들 앞에는 동굴을 빠져나갈 때 몸을 숨겨줄 양과 염소들이 풀을 먹거나 앉아서 쉬고 있다. 재미난 부분은 폴리페모스의 눈이다. 하나밖에 없어야 하는 눈알이 오히려 세 개나 된다. 만약 그의 눈이 셋이었다면 아무리 영리한 오디세우스라도 시칠리아 섬을 벗어나 고향 땅을 밟기 힘들었을 것이다.

로마 미녀들의 비키니

그밖에도 별장 바닥에 깔린 색색깔의 모자이크들은 기하학 무늬, 꽃, 석류나 무화과 등의 과일, 갖은 동물, 그리고 여러 모습의 인물을 그려낸다. 장미꽃으로 꽃다발을 만드는 모습, 사냥하는 광경, 제물을 바치는 장면, 물고기 잡는 풍경, 경기하는 내용, 잔치를 벌이는 장면, 포도 따는 모습 등 로마 시절의 풍속을 보여준다. 그런 모자이크 중 가장 놀라운 것은 비키니를 입은 열 명의 젊은 여자들이다. 가슴과 아랫도리만 살짝 가린 4세기경의 여자들이 뛰어다니는 모습은 쉽게 상상할 수 없는 충격을 준다.

지금으로부터 약 3,400년 전의 이집트 벽화에 여자 무희와 악사 들이 현대 여성의 아슬아슬한 속옷 같은 것을 입고 나오긴 하지만, 이는 그들의 신분 때문이었다. 그와 달리 카살레의 빌라 로마나에 등장하는 비키니 입은 여성들은 운동하는 모습으로 나온다. 아령을 들거나, 원반을 던지거나, 공을 던지고 받거나, 달리면서 몸을 단련한다. 너무나 간결하면서도 실감나게 움직임을 나타내 매우 현대적인 느낌마저 든다. 달리는 두 비키니의 여자를 따로 떼어내어 현대미술관에 전시해도 1,700년 전에 만들어진 작품이

    방바닥을 둘로 나누어 아래위로 각각 다섯 명의 비키니 차림의 미녀들이 나온다. 사진에서는 아령으로 몸을 다듬거나 치켜든 원반을 던지려는 여자가 보인다. 그밖에도 공놀이 하거나, 달리거나, 멀리뛰기 하는 여자, 그리고 승리를 거두어 장미로 엮은 관과 승리의 야자수 가지를 받는 여자가 등장한다. 사진 왼쪽에 보이듯이 한 명은 날씬한 종아리만 남기고 지워져버렸다. 그리고 두꺼운 돌바닥 아래로 또 다른 모자이크 장식이 드러나 있다. 처음 보았을 때는 그 구조가 쉽게 이해되지 않았는데 알고 보니 재미있는 과거를 지녔다.
    '대 사냥의 통로' 남쪽 끝부분에 붙은 이 방은 애초에 노예들이 쓰던 방이었다. 통로 맞은편에 머물던 안주인을 모시기 위해서다. 그 시절에는 모자이크 장식에도 신분의 차이를 두었다. 노예의 방에는 결코 인간이나 동물들의 사실적인 무늬를 그리지 않고 단순한 기하학 무늬로 채웠다. 즉 아래에 새겨진 기하학 무늬와 그 위에 그려진 비키니 여자들은 처음과는 달리 시간이 흐르면서 방의 용도가 바뀌었다는 증명이다. 4세기에 들어와 그 방을 쓰던 하인들을 다른 곳으로 옮기게 하고 주인이 머물던 장소로 바꾸었다고 어림해볼 수 있다.

라고 믿을 사람들은 그다지 많지 않을 것이다.

목욕탕에 자욱한 로마인의 철학

이 호화로운 별장에는 회의를 하거나 집회 장소로 사용되던 바실리카와 목욕탕 시설이 남아 있다. 로마 시대에는 휴식과 사교와 함께 목욕이 생활의 중요한 일부였다. 목욕탕은 보통 여섯 개의 구조로 이루어진다. 물을 펄펄 끓이거나 뜨거운 김을 데우는 아궁이, 열탕과 찌는 증기로 가득한 방, 미지근한 온도를 유지하는 방, 온몸에 기름을 바르고 마사지를 받는 방, 냉탕과 수영장이 있는 방, 그리고 운동하는 공간이다.

카살레의 빌라 로마나에도 수로를 통해 끌어온 물을 이용한 목욕탕 시설이 똑같은 구조로 만들어졌다. 차가운 물이 바로 흘러 들어오는 수영장까지 마련해놓았다. 세 개의 커다란 아궁이에서 물을 끓여 뜨거운 김을 도자기 파이프 관을 통해 열탕으로 보낸다. 목욕탕 돌바닥은 우리네 온돌바닥을 데우는 것과 마찬가지 방식으로 달궈졌다. 목욕탕 아래 놓인 땅바닥 여기저기에 받침대처럼 널찍한 도자기 판들을 차곡차곡 쌓아 올린다. 그 위로 모자이크 장식을 넣은 널찍한 바닥을 깔았다. 이 받침대들 사이로 생기는 바닥 통로를 따라 김이 골고루 돌아다니면서 바닥을 데운다. 뜨거운 증기는 토관을 따라 열탕으로 전달되는데 이때 열탕의 온도는 섭씨 60도를 웃돈다. 온도가 너무 올라가면 증기의 압력에 의해 천장의 꼭지가 열리면서 열기가 빠져나가므로 실내 온도가 일정하게 유지되게끔 만들어졌다.

저녁 먹기 전에 목욕하는 그리스인들과는 달리 로마인들은 이른 오후부터 목욕을 즐겼다. 따라서 노예들은 점심 때부터 아궁이를 지펴서 뜨거운 물과 증기를 준비해둔다. 단순히 때만 벗겨내기 위한 것이 아니므로 목욕하는 차례도 정해져 있었다. 목욕을 시작하기 전에 먼저 몸을 가볍게 푸는 운동부터 하고 열탕과 증기탕에 들어간다. 거기서 나온 뒤에는 미지근한 온도의 공간에서 휴식을 갖고 정신이 번쩍 드는 냉탕에도 들락거렸다. 기다란 물통에서는 틈틈이 수영으로 체력을 길렀다.

열탕과 증기욕을 마친 다음에는 전문 기술을 가진 노예로부터 마사지까지 받는 호사를 누렸다. 피부에 좋은 올리브기름과 향기로운 방향제를 골고루 바른 온몸을 힘센 노예가 주물러주는 순간은 먹고 사랑하는 쾌락만큼이나 로마인들을 기쁘게 했다. 마사지 받는 방의 모자이크에 새겨진 노예들은 모두 탄탄한 근육을 드러낸 알몸의 젊은이들이다.

주인을 둘러싼 여러 명의 노예들은 각자 맡은 일거리와 그에 맞는 기구들을 챙겨 들었다. 갈고리처럼 생긴 기구와 기름통을 든 인물은 주인의 땀과 지방을 깨끗이 밀어내는 일을 맡았다. 그들은 비누로 사용되는 가성소다와 기분까지 좋아지는 방향제와 올리브기름 등으로써 주인의 피부가 매끈해지도록 온 정성을 다했다. 많은 시간과 노력으로 가꾼 로마인들의 피부는 언제나 보드랍고 반질거렸다. 하지만 막을 수 없는 것이 인간의 사치와 허영이기에 끝내 '로마는 목욕탕 때문에 망했다'는 비난을 받았다.

카살레의 빌라 로마나로 들어가려면 로마의 개선문처럼 세 개의 아치를 가진 남쪽 정문을 지나야 한다. 그 뒤로 열리는 안뜰을 지나 별장 내부로 들어갈 수 있는 자격을 지닌 사람들은 동쪽으로 난 응접실을 거쳐야 했다. 목욕탕 시설은 그 현관 안뜰에서 북서쪽으로 길게 늘어서 있는데 쓰임새에 따라 여섯 개의 구조로 나뉘었다.
위 사진은 목욕탕 물과 증기를 데우는 아궁이 터의 남은 모습이다. 모두 세 개가 갖추어져 있었는데 목욕탕으로 뜨거운 김을 보내려고 빽빽이 세워둔 둥근 토관들도 그대로 남아 있다.

곁가지

시인의 머리에 얹어진 월계수,
다프네

카살레의 빌라 로마나 헤라클레스의 방에 있는 모자이크를 보면, 헤라클레스 좌우로 월계수와 사이프러스 신화의 매력이 모자이크로 알알이 박혀 있다. 아름다운 님프인 다프네는 내키지 않는 사랑을 요구하는 아폴론에게 쫓기던 끝에 손에서 잎이 돋아나면서 온몸이 점점 월계수로 바뀌어갔다. 사랑을 뿌리치는 다프네의 다급한 소원을 듣게 된 강의 신과 땅의 여신이 소중한 딸을 한 그루의 나무로 변하게 한 것이다.

그 뒤로, 예술의 신 아폴론이 자신의 불타는 가슴을 받아주지 않은 채 월계수로 변한 다프네의 잎사귀 줄기를 엮어 시인들의 머리에 얹어주는 낭만적인 이야기가 생겨났다. 고전주의를 이끌면서 신화의 줄거리와 뜻을 그림 속으로 깊이 끌어들인 니콜라 푸생은 「시인의 영감」에서 그런 장면을 그려냈다. 아름다운 시상을 찾는 시인의 복받치는 감정이 어린 그림이다.

나무와 바위와 들판과 구름과 하늘을 뒤로하는 푸생의 특징적인 무대에

니콜라 푸생, 「시인의 영감」
캔버스에 유채, 182.5×213cm, 1630년경, 루브르 박물관 소장

서 세 명의 인물과 두 푸토가 등장한다. 한가운데에서는 음악과 시를 상징하는 리라에 팔을 괸 아폴론이 시인의 시구가 적혀 내려갈 종이를 가리킨다. 그의 머리에는 변함없이 다프네의 월계수관이 올려졌다. 발아래에는 그리스와 로마의 위대한 시인인 호메로스와 베르길리우스의 책들이 놓여 있다. 유럽의 문화와 예술과 문학에 숱한 소재와 영감을 불러일으킨 트로이전쟁의 이야기가 영웅 아킬레우스를 중심으로 펼쳐지는 『일리아드』이다. 그 속편의 성격을 지니면서 트로이 멸망을 뒤로하고 집으로 돌아가는 또 다른 영웅인 오디세우스의 9년간에 걸친 모험을 담은 『오디세이』가 같이 놓였다. 신과 인간과 사랑과 전쟁과 슬기와 어리석음과 기다림과 저버림과 예언과 종말이 모두 아우러지는 대서사시들이다. 그 거대한 뿌리에서 뻗어난 『아이네이스』는 트로이전쟁의 쓰라림에서 도망쳐 나와 새로운 땅에서 영광스런 로마를 세웠다는 아이네이아스의 전설을 담은 책이다.

   시칠리아처럼 지중해를 낀 그리스 식민지의 사람들은 자신들이 전설로 남은 트로이 왕족의 후예라고 믿고 싶어했다. 더구나 로마가 힘을 키워가면서부터 초기의 로마인들은 자신들이야말로 그리스 문명과도 맞설 수 있었던 트로이의 후손임을 내세웠다. 나라를 세우고 키워가려면 '뿌리 찾기'가 반드시 필요했기 때문이다.

그런 시대적 배경을 두고서 고대 로마의 시인 베르길리우스는 호메로스의 『일리아드』와 『오디세이』에 깊은 감동을 받았다. 빛나는 그리스 시인의 영감을 받은 베르길리우스가 이번에는 로마적인 영웅의 서사시를 써내려갔다.

깃털 펜을 손에 쥔 젊은 시인은 푸토가 든 월계수관 쪽을 올려다보면서 감동적인 시상을 얻는 중이다. 기원전 1세기의 로마 시인 베르길리우스일까? 비록 프랑스에서 태어났지만 로마를 떠나지 않았던 푸생은 베르길리우스의 시에서 많은 감동을 받았다. 문학이 그림보다 한 수준 위라고 여겨진 시절의 푸생은 베르길리우스의 시적 영감을 통해 자신의 그림세계마저 문학과 역사와 신화의 경지로 드높이고 싶었던 것이다.

젊은 시인을 지켜보는 여인은 아홉 뮤즈 가운데 으뜸인 칼리오페다. 아폴론의 사랑을 받은 이 여인은 시의 세계를 맡은 여신으로서 늘 황금색 옷을 입고 나온다. 한쪽 젖가슴을 드러내고 피리를 잡고 선, 뛰어난 예술성을 상징하는 이 여신은 오르페우스의 어머니이기도 하다.

그녀 앞에 있는 귀여운 푸토는 한 손으로 월계수관을 들었다. 다른 손으로는 시집을 잡고서 시인에게 눈길을 보내고 있다. 비록 다프네는 사라졌지만 그녀의 영혼은 신들의 도움을 받는 시인의 가슴에서 다시 살아나는 중이다.

　가난한 농부의 아들인 푸생은 예술가의 길을 찾고자 했을 때 숱한 어려움을 만났는데, 이로 인해 마침내 그는 조국을 등지고 말았다. 로마에서는 자신의 재능과 노력 하나로 어렵사리 이름을 날릴 수 있었지만 그는 자신의 작품세계에서조차 프랑스적인 것을 지우고자 했다. 대신 그 빈자리엔 이탈리아적인 이상과 향수를 채워 넣었다.

　한때 루이 13세의 부름을 받긴 했어도 파리에서 2년을 견디지 못하고 끝내 로마로 되돌아간 푸생은 거기서 마지막 순간까지 그림에 삶을 바쳤다. 그런 푸생의 작품이 17세기 프랑스 미술을 대표하고 프랑스 고전주의의 기둥이 되었고 그 뒤를 잇는 프랑스 그림의 기틀이 된 것은 역사의 아이러니이기도 하다.

　1630년경에 그려진 이 그림은 그의 초기에 속하는 작품으로 붓 자국을 비롯한 전체적인 처리가 무척 부드럽고 우아하여 그의 여느 그림들과는 다른 느낌을 준다. 그의 그림으로는 보기 드물게 큰 작품이기도 하다. 게다가 기교적으로 어딘가 딱딱하고 거친 느낌을 지닌 채 주제가 되는 이야기에 색을 덧씌운 듯한 푸생의 작품 경향과는 많이 동떨어져 있다.

　푸생은 문학, 철학, 역사 등에 견주어 낮은 부류에 머물렀던 당시 예술을 보다 높은 차원으로 끌어올리고 싶었다. 그런 내용들을 그림에 함께 집어넣었지만 그에 따른 서투른 구석을 숨길 수 없는 것도 사실이다. 푸생의 이 꺼칠한 맛은 개인에 따라 받아들이기 쉽지 않지만 미술사에 한 획을 긋는 그의 작품세계는 그 모자람을 훌쩍 뛰어넘는다.

테아트론과 신화가 살아 있는 시라쿠사

섬 속의 섬, 검은 바다 속의 하얀 산

　　　　　　로마인들의 기억을 가슴 한곳에 담고 에트나 화산으로 가는 길은 가깝다. 하지만 굳이 멀리 돌아서라도 시라쿠사Siracusa에 가보지 않고서는 시칠리아를 떠날 수 없는 일이다. 너무나 매력적인 도시라는 소문을 확인해보고 싶은 마음에 그냥 스쳐 지나칠 수 없었던 것이다. 그 욕심에 에트나를 가까이 두고서도 지독히 차가 막히는 해안선을 따라 어둠이 바다를 완전히 가릴 때까지 줄곧 시라쿠사를 향해 달렸다.

　　팔레르모가 중세 때 아랍과 노르만 세력에 의해 세계의 으뜸가는 도시의 하나로 성장했다면 시라쿠사는 기원전 400년경에 지중해에서 가장 강력한 도시였다. 비록 짧게 끝나버렸을망정, 한 집단이 폭발적인 힘을 가질 때마다 그 뒤에는 늘 무서운 독재자가 있었다. 손아귀에 쥔 권력을 키우고자 백

성의 자유와 목숨을 개의치 않고 늘 전쟁을 빌미로 모든 것을 빼앗아 혼자의 이름으로 민주를 억누르던 자들이다.

시라쿠사에서는 디오니시오스가 그 대표적 인물인데 기원전 4세기 초에 이곳을 중심으로 시칠리아와 남부 이탈리아를 마음대로 휘둘렀던 참주僭主였다. 그도 몇 차례나 전쟁을 일으켰는데 시칠리아에 발을 들여놓은 카르타고가 싸움의 좋은 구실이 되었다. 시라쿠사는 그 뒤로도 1만 명에 가까운 시민을 죽이고 쫓아낸 뒤 스스로 왕이 됐던 아가토클레스와 마지막 참주였던 히에론 2세를 지켜봐야 했다. 기원전 212년에 이르러, 그리스인들이 세우고 다스려왔던 시라쿠사는 로마제국에 의해 무너지고 말았다. 그래도 시라쿠사는 시칠리아의 중심 도시로서 위치를 오랫동안 잃지 않았다.

폭군들보다 더 유명한 시라쿠사의 그리스인은 아르키메데스다. 수학과 발명에 관한 혁신적 생각들을 떠올린 학자인 그는 '아르키메데스의 원리'로 널리 알려진 인물이다. 유체流體 속에 밀도 높은 고체가 들어가면 그 부피의 유체 무게만큼 가벼워진다는 이론은 누구나 알고 있다. 나중에 꾸며진 이야기지만 그가 이 원리를 찾아낸 기쁨에 겨워 발가벗은 채로 거리를 뛰어다니며 "유레카(그것을 발견했다)"를 외쳤다는 일화가 더 유명하다. 왕이 내린 문제를 고민하면서 물이 가득 찬 목욕탕 속에 들어가자 물이 넘쳐흐르는 것을 보고서 이를 깨달았다는 이야기다. 오로지 한 가지 생각을 꼭 붙들고 있으면 가장 단순한 것에서 그 실마리를 찾을 수 있는가 보다. 지레의 법칙을 계산해냈기에 충분히 긴 지레만 있으면 지구도 움직일 수 있다는 이론도 그의 꼬리표가 되었다.

그렇지만 시라쿠사의 진정한 매력은 그런 역사적 인물들보다 아름다운 바다와 깊은 문화의 자취 속에 있다. 그것을 볼 수 있는 곳은 섬 속의 섬인 오르티지아 섬과 네아폴리스 고고학 유적지다. 현재의 시라쿠사 시내에서 짧은 다리를 건너서 들어가는 오르티지아 섬은 애초의 시라쿠사가 시작된 곳이다.

오르티지아는 석호의 타원형 후미를 끼고 뻗어난 사주沙洲 모양새를 지녔다. 그리스 코린트 지방에서 건너온 사람들이 기원전 8세기에 자리 잡은 조그만 섬이다. 지금도 시라쿠사의 매력은 진주같이 빛나는 오르티지아 섬 안에 들어 있다. 지중해의 냄새를 맡으며 활처럼 휜 바닷가와 항구로 내려가는 좁다란 골목길을 걷는 순간엔 모든 것을 잊을 만하다. 오랜 침묵에 잠긴 도시의 이야기와 낡았어도 볼품 있는 건물들로 둘러싸인 광장을 만나면 바로크와 그 이전의 시간 속으로 빠져드는 느낌에 사로잡힌다.

그러기에 두오모 광장의 카페에 앉아 먼지처럼 사라진 시간들을 되새겨보며 마시는 에스프레소의 맛은 더욱 향기롭다. 이탈리아의 커피 맛이 유럽에서도 가장 빼어나다는 사실은 아무도 부인하지 못할 것이다. 작고 좁은 커피 잔의 바닥에 깔릴 정도로 적은 양이지만 짙은 에스프레소의 맛과 향은 이탈리아를 떠나서도 오래도록 그곳을 잊지 못하게 만드는 마약이다. 평소에는 녹차를 자주 마시다가도 이곳에 오면 그 유혹을 뿌리칠 수 없는 에스프레소는 작고도 검은 진주와 같다.

이탈리아 사람들이 즐겨 마시는 커피의 종류는 에스프레소, 카푸치노, 마키아토, 카페라테 등이다. 우유를 많이 부은 카페라테와 부드러운 카푸

본디 그리스 시대의 신전인 시라쿠사의 두오모 성당은 아테나 여신을 기리던 곳이다. 천 년이 지나고 나서 기독교 성당으로 탈바꿈했는데 헤라클레스 팔뚝같이 굳센 도리아식 회랑 기둥들은 아직 그대로 남아 있다. 그런가 하면 17세기 말의 지진으로 무너져내린 성당 정면은 바로크 양식으로 다시 고쳐졌다.

이런 바로크의 화려함과 우울함에 둘러싸인 두오모 광장 카페에서 마시는 커피는 예사로울 수가 없다. 지나다니는 사람도 뜸한 겨울 광장에서 길손의 허전한 마음을 데워주는 따뜻한 커피는 노천카페에 앉아 있는 시간을 계속 붙들어둔다. 이미 비워진 두 잔은 에스프레소의 자국을 남겼고 하얀 우유 거품이 떠 있는 잔은 마키아토의 향기를 담고 있다.

치노는 아침부터 많이 마신다. 이탈리아에서 만들어진 카푸치노는 에스프레소에 그 다섯 배 되는 양의 우유 거품을 올린 커피다. 우유에 뜨거운 김을 쐬어 거품을 일게 한 뒤 커피 잔 바닥에 깔린 에스프레소 위에 붓는다. 그리고 그 위로 계피가루를 살짝 뿌린다. 짙은 에스프레소 맛과 부드러운 우유 거품의 느낌과 매콤한 계피 향이 입과 코에서 어우러지면, 그 짧은 순간에 견줄 행복이 따로 없을 정도다. 마시고 나면 늘 윗입술에 콧수염처럼 남는 허연 거품도 귀찮지 않다. 하루 종일 자주 마시는 마키아토는 검은 바다에 떠 있는 하얀 빙산처럼 에스프레소에 우유 거품을 조금 띄운 것이다. 카페마다 맛이 다르고 그 한 잔을 마시는 마음의 여유도 다르겠지만 시라쿠사의 두오모 광장에서 마신 커피 맛은 시칠리아에서도 으뜸이었다.

신과 인간이 만나는 테아트론

시라쿠사에도 그리스 문명의 찬란함은 여전히 남아 있다. 그런 유적지를 돌아보면 눈부신 그리스의 태양과 새파란 에게 해의 기억이 밀려온다. 가고 또 가봐도 다시 가고 싶은 마음의 고향 같은 땅이 그리스다. 거기서 건너온 사람들은 시라쿠사에도 어김없이 테아트론 theatron을 만들어놓았다. 그들의 삶이 닿고 지나간 곳마다 남겨진 고대 그리스의 야외극장인 테아트론은 그리스인들이 그곳에 살았음을 증명할 만큼 대표적인 그리스의 유산이다.

그들은 그만큼 숭고한 것과 극적인 것에 가슴이 터져나가도록 매달렸다.

시라쿠사보다 북쪽에 있는 도시 타오르미나의 테아트론이다. 지구상에 이처럼 아름다운 테아트론이 또 있을까? 우뚝 솟은 돌산 꼭대기에 자리한 야외극장으로 들어서면 눈앞에 하얀 눈으로 덮인 에트나 화산의 거룩한 모습이 더할 수 없는 무대배경을 이룬다. 에트나의 동쪽 산줄기는 부드럽게 이오니아 바다로 접어들고 그리스인들이 처음으로 시칠리아에 발을 디뎠던 스키조 해안의 둥그런 후미가 그림처럼 테아트론 아래로 펼쳐진다. 높은 하늘색과 깊은 바다색, 깨끗한 눈 색깔과 짙은 사이프러스 색깔이 빛나는 햇살 속에 한데 어우러지는 이곳은 진정 그리스인의 마음이 머물던 이상향이었을 것이다.

히에론 2세 때부터 만들기 시작했고 로마인들이 확장한 현재의 모습은 기원 2세기의 자취를 간직하고 있다. 이를 뒷받침하듯 건물 대부분은 벽돌로 지어졌고 객석의 높이가 반원형 무대보다 훨씬 높다. 연극을 즐기던 그리스인과는 달리 맹수와 검투사의 싸움에 흠뻑 빠진 로마인들이 뜻밖의 사고를 막으려고 무대로부터 객석을 높인 흔적이다.

5,000명이 넘는 관객을 한자리에 모을 수 있는 야외 공간인데도 무대 위의 소리가 끝자리에까지 잘 들리는 뛰어난 구조다. 그 혜택을 입은 타오르미나 시는 아직도 많은 문화 행사를 이곳에서 치르고 있다. 이 사진에는 무대와 객석의 모습 일부와 북서쪽의 돌산과 멀리 산꼭대기에 자리한 마을 카스텔몰라가 보인다. 무대 뒤에 세워진 화강석 기둥들은 코린트 주두로 장식된 채로 그 옛날의 모습을 전해준다.

우리처럼 반도에 사는 그리스인들은 다혈질이고 감성적인 성격을 물려받았다. 그들은 신탁을 받거나 신을 모시는 신전을 곳곳에 세워 그리스의 영혼을 여물게 했다. 더불어 끝없는 상상력과 섬세한 감수성으로 인간의 심리를 촘촘한 그물처럼 짜낸 희곡들을 삶의 중심에 두었다. 허물어진 신전은 그곳을 찾는 길손에게 신과 인간이 존재하는 의미를 되새기게 하고 텅 빈 테아트론은 인간과 신 사이에 벌어진 모든 운명을 되씹어보게 한다.

그리스인이 남긴 희극과 비극은 인간의 머릿속에 든 것과 가슴속에 든 것과 몸속에 든 것을 모두 꺼내어 보여준다. 상상과 감정과 본능을 모두 품었기에 모든 무대예술의 밑바탕이 되었다. 그리스의 테아트론도 처음에는 신에게 바치는 의식을 거행하던 장소로 시작됐다. 희생제의犧牲祭儀를 치르고 기원제를 올릴 때, 신의 세계에 닿을 만큼 장엄한 노래를 부르던 합창대가 그 순간을 더욱 엄숙하게 승화시켰다. 제사축전에 모여 의식과 노래를 접한 사람들의 심장은 감동의 물결에 휩싸였다. 그러다 합창의 형식이 좀 더 극적인 드라마로 바뀌면서 몇몇 인물들은 특정한 역을 맡아 이야기를 보다 줄거리 있게 이끌어가게 되었다.

이런 배경은 『포박당한 프로메테우스』를 쓴 아이스킬로스, 『오이디푸스 왕』의 소포클레스, 『메데이아』의 에우리피데스로 이어지는 3대 비극작가를 낳았다. 서로 부딪힐 수 밖에 없는 인간 사회의 갈등, 피할 수 없는 삶의 고통, 벗어날 수 없는 숙명의 장난, 끊을 수 없는 감정의 유혹, 참을 수 없는 복수의 분노, 그리고 억누를 수 없는 파괴의 본능이 그리스 신화의 불가마 속에서 들끓는 인간의 비극으로 나타난 것들이다.

희극은 비극의 바다를 품을 수 있는 인간이 가진 또 다른 일면이다. 삶의 경험에서 우러난 재미있는 비꼼, 생각을 전하는 말 속에 들어 있는 익살, 일상의 평범함을 살려내는 멋진 빗댐, 의식에 담긴 성의 본능을 드러내는 우스개, 그리고 어리석음을 까발리는 감칠맛 나는 놀림으로 인간의 밑바닥을 훤히 비추는 거울인 셈이다. 그 대표적 희극 작가인 아리스토파네스는 기원전 400년경에, 메난드로스는 기원전 300년경에 아테네에서 활동했다.

아리스토파네스의 『새들』은 시라쿠사와도 관련돼 있다. 도시 국가였던 스파르타와 아테네가 거의 30년에 걸쳐 서로 힘겨루기를 했던 펠로폰네소스전쟁을 역사적 배경으로 다룬 희극이기 때문이다. 기원전 400년대 말, 그리스의 민주주의와 문화에 큰 영향을 끼친 이 숙명적인 전쟁을 치를 때 시라쿠사는 스파르타 편을 들었다. 싸움이 막판으로 치달으면서 아테네는 마침내 시라쿠사를 대대적으로 공격하는 수를 두고 말았다. 그 싸움에서 참패를 당한 아테네는 그리스 문명의 쇠퇴기가 시작될 만큼의 중요한 전환기를 맞을 수밖에 없었다.

『새들』에서는 힘에 대한 인간의 욕망이 얼마나 그르친 결과를 가져다주는가를 환상적인 배경과 풍자 섞인 이야기로 풀어냈다. 역사에서 결코 사라지지 않고 되풀이되는 인간의 권력을 향한 본능을 솔직하게 드러냈다. 신과 인간 사이의 중간에 자리한 새의 나라에서 이룰 수 없는 이상향의 새로운 터전을 찾으려 했던 헛된 꿈이 『새들』의 이야기다.

메난드로스의 『늙은 심술꾸러기』는 장난스런 사랑의 운명으로 벌어지는 눈먼 갈망과 그것을 가로막는 걸림돌 때문에 엎치락뒤치락 벌어지는 인간 사회의 가장 흔해빠진 이야기들을 날카롭게 다룬 희극이다. 이 두 희극은 아직도 연극무대에 올려지고 있을 만큼 인간의 본성을 잘 나타낸 작품이다. 그리스인들이 풀어내는 이야기들은 사람의 가슴을 찢어지게 만들고 익살과 풍자로 배를 움켜잡게 만들었다. 인간이 가진 모든 것을 보여주는 연극을 통해 인간을 알고 삶을 배우고 죽음을 노래하던 그리스인들에게는 테아트론이 인생의 가장 훌륭한 학교였을 것이다.

돌산을 통째로

오르티지아 섬을 떠나 시라쿠사 시내로 들어서면 엄청난 크기의 테아트론이 그때의 영혼들이 열광하던 함성을 다시 들려준다. 아무도 없는 고대 야외극장에 들어섰을 때 가슴으로 밀려들던 뭉클한 것은 시간이 주는 감동이었다. 차츰 흥분된 마음이 가라앉자 그리스나 시칠리아에서 본 여느 테아트론과 다른 점이 눈에 들어왔다. 테아트론 전체가 이끼 낀 듯이 푸른빛 도는 회색 돌로 만들어진 것이 아주 인상적이다. 부채꼴로 펼쳐진 거대한 관중석이 거의 본디 모습으로 보존된 것도 그러했다.

2,500여 년이 지난 유물의 보존 상태가 이토록 좋은 까닭은 석회석 돌산을 통째로 비스듬히 깎아나갔기 때문이다. 테아트론을 만들기 위해 사람 손으로 언덕 하나를 주물러 다듬어놓은 셈이다. 채석장에서 깨고 다듬어서 가져온 돌로 쌓아 올린 테아트론들은 오랜 시간이 지나면서 휑한 빈터로 남기 일쑤다. 시대가 바뀌면서 다른 쓰임새로 그 돌들을 뜯어가버리기 때

문이다. 요르단 페트라에 있는 앗데이르 암굴사원처럼 돌산을 통째로 깎아 만들었으니 시간이 스쳐 돌바닥이 비록 반질반질하게 닳기는 했어도 사라지지는 않은 것이다.

관중석 꼭대기에 서면 여느 그리스 테아트론에서처럼 푸른 바다와 높이 뻗은 사이프러스가 내려다보인다. 기원전 3세기경에 테아트론이 만들어졌으니 그냥 스쳐 지나가는 바람만으로도 한참 닳아버릴 세월이었지만 무대 부분까지도 거의 온전하게 유지되어 있다. 합창단과 무용단과 연주자들이 자리하는 반원형 오케스트라 무대, 분장실, 배우들이 연기하는 무대, 그 뒤로 배경이 되는 공간, 관중석 아래로 뚫어놓은 합창대와 배우들의 입장 통로까지 그 자취가 그대로다. 바다와 태양과 신과 인간이 한데 어울려 여물은 그리스의 정신이야말로 돌산을 깎아서 만든 야외극장들보다도 더 오래도록 인류의 기억 속에 남을 것이다.

기원전 212년에 로마인이 이곳을 점령하고 난 뒤로는 검투사들의 잔인한 싸움터로 변했다. 로마의 용사들이 바다에서 격렬하게 싸우는 광경조차 물을 끌어들여 만든 수상 무대에서 배를 타고 그대로 재현되었던 것으로 짐작된다. 이런 구경거리에 환호하던 관중들에게 해전을 실감나게 보여주기 위해서는 많은 물이 필요했다. 시라쿠사의 테아트론 옆에는 30킬로미터가 넘는 수로를 따라 흘러온 강물을 담아놓을 수 있는 큰 못까지 마련되어 있었다.

이 시라쿠사의 그리스 테아트론은 그리스 비극의 아버지라고 일컫는 아이스킬로스의 유명한 연극들이 처음으로 상연됐던 고대 야외극장이다. 아이스킬로스는 진행을 맡은 한 명의 배우와 합창단으로 구성된 고전 양식을 벗어나, 대화를 나누는 배우들을 집어넣고 보다 연극적인 무대효과까지 끌어들였다. 그는 히에론 1세의 초대로 시칠리아를 찾아와 이곳에서 「페르시아 사람들」과 「에트나의 여인들」을 처음으로 선보였다.

약 250년이 지난 뒤, 히에론 2세는 예전의 극장을 더 대단한 크기의 테아트론으로 다시 만들었다. 로마 시절에 들어서는 동물과의 싸움이나 검투사의 대결이나 해상 전투극을 즐기는 곳으로 바뀌었다. 세월의 수난은 거기서 그치지 않고 테아트론의 돌들을 일부 떼어다 오르티지아 섬의 방어벽을 쌓는 데 사용했다. 그럼에도 무대 뒤쪽 공간과 오케스트라와 관중석의 생김새는 2,000년의 시간을 거뜬히 뛰어넘은 채 남아 있다. 바다를 앞에 두고서 아테네와 직선 거리로 60킬로미터 남짓 떨어진 에피다우로스에도 유명한 테아트론이 있는데 놀라운 음향효과를 지닌 그곳보다 무대의 보존 상태가 오히려 더 나은 편이다. 시라쿠사 테아트론의 관중석에 앉으면 지금도 무대에서 하는 말들이 낱낱이 잘 들린다. 바깥에서 확성기도 없이 말소리가 이처럼 잘 전달되는 까닭은 무대를 병풍같이 높이 둘러싼 관중석의 건축구조 덕분이다. 바닥에 깔린 돌 속에도 그 비밀이 있다. 과학적인 분석에 따르면, 석회석은 낮은 주파수의 소리와 울림은 빨아들이고 높은 주파수는 증폭시키거나 반사한다. 따라서 석회석 돌산을 깎아서 만든 시라쿠사의 테아트론은 관중석에서 나오는 낮은 잡소리들을 흡수하고 무대에서 지르는 큰소리를 더욱 높여 멀리까지 깨끗하게 들리도록 만든 셈이다. 사진에는 바위 언덕을 일일이 깎고 다듬은 관중석과 무대가 부채꼴로 펼쳐진다. 그 뒤로 사이프러스와 소나무 숲이 둘러쳐졌고 그리스인들에게 빼놓을 수 없는 탈라사(바다)도 가까이 자리한다.

시칠리아까지 도망 온 카라바조

　　　　　　　　　　로마인들은 시라쿠사의 그리스 테아트론 남동쪽에도 또 다른 타원형 경기장을 만들어놓았다. 로마의 콜로세움처럼 사용한 유적지다. 돌산을 파서 무대와 객석으로 다듬었다든지 돌덩이들을 완만한 비탈을 끼고 부채꼴로 잇댄 관중석은 그리스 건축 방식이다. 이와 달리, 돌과 콘크리트와 벽돌로 관중석을 타원형으로 에워싼 것은 로마 시절의 원형경기장 양식이다. 시라쿠사의 로마식 원형경기장은 바닥의 암석을 그대로 파서 타원형의 무대로 만들었기에 한편으로 그리스의 영향이 읽힌다.

　여기에서 목숨 건 검투사들의 결투와 먼 나라에서 잡아온 희한한 동물들과의 싸움과 기독교인들의 처절한 순교 장면이 구경거리로 세워졌다. 검투사와 맹수들이 경기장으로 바로 나올 수 있도록 관람석 밑으로 뚫어놓은 아치 통로는 여전히 컴컴한 어둠 속에서 입을 벌리고 있다. 원형경기장 입구 쪽에서 저수조를 볼 수 있는데 모의 해전을 할 때 경기장에 물을 채워주었다. 죽고 죽이는 싸움이 끝난 뒤에는 짐승이나 사람들이 흘린 피를 씻어내는 데 쓰였다.

　테아트론 뒤쪽은 석회석을 캐던 채석장이었다. 더이상 돌을 캐낼 수 없게 되자 한때는 그 동굴들을 감옥으로 사용했다. 채석장이 만들어놓은 여러 동굴 속에 7,000명이 넘는 아테네 사람들을 가두어둔 적도 있다. 지금은 분지처럼 움푹 팬 그곳을 돌산들이 빙 둘러싼 채 원시적 침묵으로 덮여 있다. 지진으로 돌기둥들은 여기저기 쓰러져 있고 채석장 동굴도 내려앉아 인공적인 느낌마저 지워졌다. 빽빽이 들어선 레몬나무와 야자수와 오렌지

'디오니시오스 귀'라고 부르는 동굴이다. 동굴의 입구가 귀 모양으로 생겨 붙여진 이름이다. 디오니시오스는 기원전 4세기 초반에 시라쿠사를 중심으로 힘의 정치를 펼쳤던 폭군이었다. 이 거대한 디오니시오스의 귀 속에 들어서면 흡사 안데르센의 엄지공주가 되어 거인의 귓속으로 들어가는 듯하다. 어둠에 빨려 들어 청각이 더욱 날카로워지는데다 텅 빈 구멍에서 일어나는 공명 효과로 나지막한 소리조차 크게 울리면서 긴 메아리로 남는다.

테아트론 뒤쪽에 자리한 이런 동굴들은 본디 채석장이었다. 옛날에는 죄수를 가두어둘 감옥을 따로 만들지 않고 채석하고 난 뒤에 생긴 갱도의 빈 구멍에다 그들을 무더기로 몰아넣었다. 끔찍한 조건의 오랜 감금생활이 끝날 즈음에는 아테네에서 끌려온 7,000여 명의 죄수 중 살아남은 이가 거의 없었다고 한다. 이 둘레에는 12개에 달하는 이런 채석장의 동굴들이 아직 남아 있다. 여러 번의 지진으로 갱도가 아예 막혀버린 곳도 있고 멀쩡한 것들은 장례식장이나 대피소로 이용되었던 적이 있다.

나무들은 아무도 살지 않은 듯한 땅에 향기를 가득 채워준다.

가장 오묘한 느낌을 주는 동굴은 '디오니시오스의 귀'라는 이름이 붙은 곳이다. 귀처럼 생긴 동굴로 들어서면 뿔 고둥 속으로 빨려 들어가는 느낌이 나면서 깊이 65미터까지 빙글 돌아가며 깊어진다. 천장 높이도 23미터에까지 닿아 있어 이 안에서는 조그만 소리도 확성기에 댄 것처럼 크게 울린다. 시라쿠사의 무서운 참주였던 디오니시오스는 자기 귀만 열어놓으면 이 동굴에 갇힌 죄수들이 하는 이야기들을 옆에서 듣듯이 죄다 들을 수 있었다. 역사에 전하는 이 일화를 들은 카라바조가 동굴의 이름을 '디오니시오스의 귀'라고 지어주었다.

강한 조명을 받는 무대처럼, 카라바조는 대조적인 명암을 화폭에 극적으로 담은 화가였다. 그의 작품세계를 한마디로 표현하면 '빛과 어둠'이다. 그는 바로크 예술뿐 아니라 그 뒤를 잇는 서양 회화에 엄청난 영향을 미친 인물이다. 정신적으로도 약간 미친 예술가다. 그렇지 않고서는 그가 살아왔던 삶을 쉽게 이해할 수 없을 정도였다. 불같은 성격에 방탕하고 불안정한 정신 상태는 가는 곳마다 사고와 문제를 일으켰다. 급기야 사람까지 죽여 몸을 숨겨야 했고 또 그곳에서 시비와 시기에 휘말려서 다시 낯선 곳으로 도망 다녀야 했다. 그러면서도 가는 곳마다 천재성이 빛나는 놀라운 걸작들을 남겼다. 그러기에 도망자 신세임에도 카라바조의 명성과 능력이 오히려 그를 계속 노출시키고 말았다.

그는 갈수록 초조감에 사로잡혔다. 카라바조가 죽기 약 2년 전인 1608년 10월에는, 그의 발걸음이 시라쿠사에까지 닿았다. 이때 고고학자와 함께 '디오니시오스의 귀' 동굴을 찾아왔고 이런 별명을 지었다. 시칠리아에 숨어 지내던 카라바조는 메시나로 팔레르모로 계속 도망 다녔는데, 그 와중에도 쉬지 않고 뛰어난 작품들을 남겼다. 그러다 1년 뒤에는 다시 섬을 떠나고 만다. 그리고 한 해가 채 가기도 전에 이 불행한 화가는 끝내 서른여섯 살의 젊은 나이로 객사하고 말았다.

놀리듯 혀를 내민 고르곤

시라쿠사의 그리스 로마 유적지 가까이에 파올로 오르시 박물관이 있다. 시칠리아의 선사시대에서 헬레니즘까지 내려오는 고고학 문화재를 전시하는 곳이다. 시칠리아에 난쟁이코끼리가 살았다는 흔적에서부터 기원전 2세기에 만든 메두사의 장식용 청동 조각품에 이르는 약 2만 점의 문화재가 소장됐다. 그 가운데서도 낯익은 고르곤 작품이 여기저기 눈에 띈다. 고르곤의 모습들은 도자기 그림에, 채색한 테라코타에, 사원 벽면을 장식한 부조에, 점토로 구운 타일 등에 숱하게 나타난다.

고대부터 그리스인들은 이 흉측한 괴물을 장식 소재로 널리 이용했다. 이로써 나쁜 기운을 막으려 했던 것으로 여겨지는데 도깨비 무늬가 들어간 한국의 귀면와鬼面瓦와 같은 성격이다. 그리스 고르곤의 표현 양식은 고구려 시대의 수막새 기와무늬에 나오는 괴물 얼굴과 닮았을 뿐 아니라 도안 양식까지도 매우 비슷하여 정겹게 다가온다.

상상력이 풍부한 그리스인들은 환상적이고 무시무시한 괴물들을 많이도

고르곤 부조 기원전 570년경

본디 시라쿠사 지역의 아폴론 신전이 있던 성역에서 발굴된 작품으로 아테나 여신의 신전을 장식했던 테라코타다. 흙을 빚어 구운 다음 여러 색깔을 곱게 덧칠한 이 부조는 아쉽게도 여러 조각으로 부서지고 말았는데 도판에서 채색이 안 된 부분은 본디 모양대로 보수해놓은 자리들이다.

등 뒤로 소용돌이 모양의 날개를 달고 재빨리 달려가는 고르곤의 자세는 그녀를 나타내는 전형적인 틀을 따른 형태다. 오른쪽 겨드랑이 아래에는 베어진 메두사의 목에서 피와 함께 태어난 페가수스가 엉거주춤 안겨 있다. 옷은 윗몸에서 무릎까지 내려오는 그리스인의 붉은 튜닉을 입었는데 옷 가장자리마다 여러 기하학 무늬가 요란하게 수놓아졌다.

똬리를 튼 뱀 모양의 소용돌이와 길게 내려 땋은 바둑판 꼴의 머리카락은 고르곤의 넓적한 얼굴을 감쌌다. 쳐다보면 어지러움을 느낄 만큼 커다랗고 둥그런 눈알이 빙글빙글 돌아간다. 잔뜩 찌푸린 얼굴 때문에 콧잔등은 주름지고 코허리는 폭이 넓은 데다 코끝은 투박하면서 납작하게 퍼졌다. 양 볼이 찢기도록 가득 벌어진 입술 사이로는 멧돼지 같이 송곳니가 비집고 나온다. 시뻘건 혓바닥을 길게 뽑아 날름거리는데, 무서워야 할 얼굴이 도무지 그렇지 않다. 익숙함이 깃든 민속적 표현이기에 무시무시한 괴물의 모습이 일상생활 속으로 가까이 다가올 수 있는 듯하다.

만들어냈다. 사자와 염소와 용이 어울려 생겨난 키마이라, 사람과 소의 미노타우로스, 아홉 개의 머리가 달린 괴물 히드라, 사람과 말이 합쳐진 켄타우로스, 이집트에서 유래한 사람과 사자의 스핑크스, 세 개의 머리를 가진 지옥을 지키는 개 케르베로스, 날개 달린 말 페가수스, 사자와 독수리가 섞인 거대한 그리핀 등, 손꼽을 수 없을 정도다. 이런 괴물들이 그리스 신화의 인물들과 엮여 만들어낸 갖가지 이야기들은 오랫동안 문학과 예술의 보물창고가 되었다.

고르곤은 기원전 7세기 초반부터 그리스 도자기에서 그 모습을 선보였다. 그리스 신화 초기에 나타난 괴물 중 하나인데, 신에게 대들었다가 마침내 정복당하는 존재로 나온다. 소름 끼치도록 무서운 고르곤 세 자매는 지구의 서쪽 끝, 지옥과 가까운 곳에 살았다. 그 모습은 만든 시대와 예술가에 따라 갖가지 생김새로 달리 그려진다. 날름거리는 수많은 뱀의 머리카락, 커다란 눈알이 빠져나올 듯이 튀어나온 눈, 납작한 코, 찢어진 입에서 뻗어 나온 커다란 송곳니를 가진 얼굴이 대표적이다. 등에는 날개가 달렸고, 대부분 달리는 모습으로 등장한다. 달리는 두 팔과 두 다리는 기억자로 꺾여 있는데, 시칠리아의 상징인 트리나크리아와 비슷한 모양이다.

기원전 6세기에 만들어진 청동 작품에는 수염도 나고 머리에 뿔이 달려 있기도 하다. 초기에는 고르곤의 모습을 신화에서 다룬 대로 끔찍하게 나타냈으나 차츰 바뀌어 기원전 5세기에 이르러서는 오히려 해학적인 분위기가 스며들었다. 특히 길게 내민 혀는 죽음을 상징하지만 오히려 장난기가 내비쳐 친근감까지 드는 작품들도 더러 보인다.

디노스에 그려진 고르곤 높이 93cm, 기원전 580년경

이런 모양의 도자기를 '디노스'라고 부른다. 높고 정교하게 빚은 받침대 위에 커다란 주둥이의 항아리를 올려놓은 맞춤 꼴의 큰 그릇으로, 연회에서 주로 쓰였다. 그리스인들은 포도주를 그대로 즐기지 않고 물과 함께 섞어 마셨기 때문에 만들어진 그릇이다. 그런 쓰임새로 만든 대표적인 도자기로 크라테르가 있는데 항아리의 둥근 어깨 부분에 두 개의 손잡이가 달린 것이 보통이다. 그보다 훨씬 복잡한 모양새로 만들어져서 흔치 않은 고급 도자기인 디노스는 술 시중을 드는 어린 소년들이 쉽게 포도주를 퍼 담을 수 있도록 항아리 받침대까지 같이 만든 그릇이다.

받침대 발판에서부터 항아리의 주둥이까지 뛰어난 솜씨로 그려진 그림과 무늬들이 빼곡하다. 사슴 종류와 사자 같은 맹수들과 세이렌이나 스핑크스 같은 상상의 동물들이 더불어 나온다. 그 사이사이에 식물 모양의 장식들이 어우러져 코린트 양식의 그리스 흑회식黑繪式 도자기가 가진 빼어난 아름다움을 선사한다. 흑회식 도기 만드는 방법은 이렇다. 흙으로 빚은 그릇 표면에 빛나는 검은색의 기름 칠감으로 밑바탕 그림을 먼저 그린다. 그런 다음에 끝이 날카로운 연장으로 그 속에 들어가는 선을 새겨 넣으면 밑바닥의 흙 색깔이 드러나면서 검은 바탕색과 만나 세부적인 그림이 만들어진다. 거기다 강조하고픈 부분에 자주색 칠감을 발라 한층 돋보이게 해준다.

훌륭한 손재주로 만들어진 이 도자기의 어깨 둘레에는 신화와 역사의 장면이 돌아가며 나온다. 한쪽에는 싸우는 그리스 병정들이 나온다. 그리스 도자기에 자주 나오는 내용이다. 네 마리의 말이 이끄는 두 대의 전차 사이에서 머리부터 단단히 무장한 두 명의 보병이 싸움을 벌인다. 투구와 갑옷으로 몸을 감싼 채 왼팔의 방패와 오른손의 창으로 상대를 공격한다. 다리를 보호하는 정강이받이도 걸치지 않은 채 샌들도 신지 않은 맨발들이다. 다른 쪽에는 간단하면서도 기막히게 그린 고르곤의 이야기가 펼쳐진다. 모두 여섯 명의 등장인물이 나오는데 맨 앞쪽에 페르세우스가 달려가고 줄이어 고르곤 두 자매가 쫓아간다. 메두사는 쓰러지고 맨 끝에서 헤르메스와 아테나가 이들을 지켜본다. 메두사의 목을 벤 페르세우스가 죽지 않은 나머지 두 고르곤에 쫓겨 달아나는 장면이다.

다행히 몸을 감출 수 있는 하데스의 투구와 날개 달린 신발을 가진 영웅은 무서운 괴물의 손아귀를 벗어났다. 뒤쫓는 고르곤의 모습은 펼쳐진 날개에서부터 죽음의 혀를 빼문 얼굴까지 낯익다. 단순함 가운데 실감나게 표현하며 마음대로 부리는 솜씨가 대단하다. 목이 잘린 메두사가 힘없이 주저앉는 순간을 포착한 장면을 집어넣은 기발함도 빼놓을 수 없다. 이런 박진감 넘치는 사건 전개 뒤에 페르세우스의 후견인 구실을 맡은 두 신까지 함께 넣었다. 신화의 이야기 하나를 한 장면으로 함축시킨 그리스 도자기 그림의 놀라운 구성을 잘 보여준다.

가장 큰 비중으로 다룬 신화의 장면과 전투 장면 아래에는 오리엔탈리즘의 영향이 짙은 식물무늬가 띠를 이룬다. 부채꼴의 야자나무 잎 모양과 이집트 문양에서 흔히 볼 수 있는 연꽃무늬다. 흑회식 도자기 시대에 많이 나타나던 장식무늬들인데 어떤 도자기에서는 독립된 주제가 되기도 한다. 마치 아르누보 양식처럼, 식물 무늬 하나로 도자기 전체를 꾸며놓은 것들은 매우 현대적으로 보인다.

잔치에 모인 사람들이 모두 흠뻑 취할 수 있을 만큼 큼직한 술 항아리 주둥이의 테두리에도 변형시킨 야자와 연꽃무늬가 번갈아 피었다. 이 디노스 겉면에 가탄스런 무늬 도안과 아름다운 선들이 자연스럽게 이어져 가득하다. 도자기 흙 바탕 위로 한 번에 완벽하게 그려내는 손재주는 '고르곤의 화가'란 명성을 들을 만큼 참으로 뛰어나다.

에트나를 둘러싼 신들의 싸움

시라쿠사의 파올로 오르시 박물관에는 아그리젠토에도 그 자취가 남아 있던 데메테르의 진흙 조각상이 있다. 기원전 6세기에 만들어진 이 작품이 정작 데메테르인지 아니면 '코레'를 나타낸 것인지는 확실치 않다. 코레는 그리스 말로 처녀를 가리키며 청년을 나타내는 쿠로스와 짝을 이룬다. 코레 조각상들은 신전에 바쳐진 봉헌물이거나 신전에서 여신을 모시는 구실의 처녀를 나타낸 듯하다.

코레의 석상으로 가장 유명한 것 중 하나는 터키 땅에 바짝 붙어 있는 사모스 섬에서 만들어진 것으로 지금은 루브르에 있다. 머리가 소실되었지만 192미터에 이르는 이 하얀 대리석 조각품은 기원전 6세기 중반의 작품이다. 그리스 초기 조각에는 조그만 크기의 부드러운 석회석을 사용했는데 차츰 사람의 실물만큼 커졌고 단단한 대리석의 특징을 살려내게 되었다. 사모스 섬의 코레는 바로 그러한 시점에 만들어진 작품이다. 이 처녀는 이집트 조각의 영향을 받아 두 다리와 발을 꼭 붙이고 온몸을 일자로 꼿꼿하게 세웠다. 400년쯤 뒤에 나타날 「밀로의 비너스」가 가진 우아하고 관능적인 헬레니즘의 예스러운 모양새다.

코레는 데메테르의 딸이자 동시에 지하세계의 여왕인 페르세포네와 같은 인물로 일컬어지기도 한다. 또한, 그리스 작품 속에서는 이 모녀가 같이 등장하는 모습을 흔히 볼 수 있다. 데메테르는 하데스가 납치해간 딸을 찾아 9일 동안 밤낮을 가리지 않고 사방을 헤매 다니는 깊은 모성애를 보여줬다. 페르세포네는 제우스와 그의 누이인 데메테르와의 사이에서 태어난 딸. 뻔뻔한 제우스는 페르세포네를 자신의 동생인 하데스에게 넘겨주기로 일찍부터 약속했다. 거기서부터 시작되는 이야기가 나의 발길을 에트나 화산으로 끌어당긴 그림 하나에 닿는다.

한편, 에트나라는 이름은 시칠리아를 아끼던 데메테르 여신과 화산과 불의 신인 헤파이스토스와의 싸움을 말렸던 시칠리아 님프의 이름이기도 하다. 시칠리아를 서로 가지려고 두 신이 다툰 적이 있었다. 데메테르는 시칠리아의 풍요로운 땅에 애착이 갔고 헤파이스토스에게는 거대한 용광로인 에트나의 화산이 필요했기 때문이리라.

헤파이스토스는 아버지 제우스 없이 어머니 헤라만으로 태어났다. 제우스가 헤라 없이 자신의 머릿속에서 아테나를 낳은 것에 대한 헤라의 질투였다. 전능한 제우스를 도저히 따라갈 수 없는 헤라는 괴상한 몰골의 아들을 낳았다. 그 때문에 하늘에서 내던져진 헤파이스토스는 에게 해 북쪽의 렘노스 섬에서 어머니를 향한 원한을 키우면서 자랐다. 섬 동굴에서 9년 동안 대장간의 기술을 배워 마침내 못 만드는 게 없을 정도로 뛰어난 솜씨를 닦았다. 제우스의 벼락에서 트로이전쟁의 영웅인 아킬레우스의 갑옷에 이르기까지, 신화에 나오는 기막힌 물건들을 숱하게 만들어냈다.

대장간에 꼭 필요한 불은 화산에서 쉬지 않고 타오르는 불꽃을 이용했다. 로마 시절에 헤파이스토스를 가리켜 화산을 뜻하는 불카누스라고 불렀던 것도 그런 뜻이다. 그의 대장간이 있던 곳은 에게 해 북쪽의 화산섬인 렘노스의 땅속 동굴이었으나 나중에는 화산의 불기운이 끊임없이 뿜어 나오는 에트나 산으로 널리 알려졌다. 또는, 에트나에서 북쪽으로 약 70킬로

사모스 섬의 코레 높이 192cm, 기원전 570~560년경

오랜 시간이 흐르는 사이에 약한 목 부분이 떨어져 나갔다. 온몸에서 풍기는 고결하고 우아한 분위기에 걸맞은 얼굴을 볼 수 없는 것이 못내 아쉽다. 다른 코레 조각상의 얼굴들을 여럿 보았지만 사모스 섬에 있던 코레의 사라진 얼굴이 유난히 궁금하다. 지금 이 코레의 머리는 어디에 묻혀 있을까? 어느 깊은 바다 속에 잠겨 있을까?

머리 없는 몸통만으로도 거의 2미터에 다다르는 이런 조각상들이 줄이어 세워졌을 신전은 또한 얼마나 대단했을까? 이 코레의 조각상은 이오니아 지방의 귀족이었던 케라미에스가 헤라의 신전에 바쳤던 봉헌 조각들 가운데 하나였다. 정면의 다리 선을 곧게 타고 내려오는 얇은 베일의 가장자리에는 "케라미에스가 헤라에게 봉납물로 나를 바쳤다"라는 희미한 글귀가 새겨져 있는데, 아직도 눈으로 더듬을 수 있다. 더불어 이것이 작품의 제작년도를 알아내는 단초가 되었다.

그런 암호를 풀지 않아도 이 코레의 조각상이 그리스 아르카익 시기의 작품임은 한눈에 들어온다. 도자기나 점토 부조 같은 소형 예술품을 만들던 초기 단계를 지나 차츰 이집트 조각의 영향으로 돌을 재료 삼아 인체 크기만 한 대형 작품을 만들기 시작한 시점이기 때문이다. 또, 아직은 이상적인 미를 찾아서 조화와 움직임과 감정과 완벽함을 나타내려던 그리스 고전기의 부드러움이 나타나지 않기 때문이다. 더구나 관능적인 아름다움과 일렁이는 감성의 묘사로 넘쳐나던 헬레니즘의 화려함과는 거리가 한참 떨어져 있다.

딱딱하게 굳은 자세와 더불어 아주 섬세한 옷감의 꼼꼼한 표현은 아르카익 시기의 특성을 잘 보여준다. 이오니아식의 옷차림에 감싸인 몸매는 거의 드러나지 않고 몸을 덮은 옷마저 따로 두드러지지 않은 채 몸과 옷이 서로 분간되지 않을 정도다. 자주 여성의 알몸을 드러내던 고전기와 헬레니즘과는 거리가 먼 셈이다. 요즈음에는 여성의 옷을 벗기는 쪽으로 치닫고 있지만 그리스 로마 시대에는 되레 남성의 알몸을 자랑스럽게 내보였었다.

코레 조각상에 새겨진 기원전 6세기의 처녀는 세 가지 옷을 입었다. 어깨에서부터 내려와 발등을 덮는 긴 통치마인 키톤은 촘촘한 주름을 만들면서 가지런히 떨어진다. 삼베로 짠 얇은 키톤이 바닥에 이르러서는 이집트의 파피루스 기둥머리처럼 부드러운 곡선으로 벌어지고 옷자락 사이로 삐죽 내민 맨발의 발가락을 살짝 가렸다. 윗몸을 감싸 덮은 두툼한 망토의 히마티온은 오른쪽 어깨에서 빗금을 그리며 내려오다가 허리 부분에 이르러서는 과감한 곡선으로 파격을 보여준다. 양털 소재로 두껍고 주름도 성글게 생기는 히마티온은 얇고 촘촘한 키톤과 두드러지게 차이를 보임과 동시에 조화를 이루어낸다. 곡선과 직선, 대각선과 수직선, 뻣뻣함과 부드러움이 멋지게 어우러졌다. 그 위로는 머리에서부터 등을 타고 발목 부근까지 내려오는 얇은 베일이 보일 듯 말 듯 드리워졌다. 이렇게 서로 다른 옷감으로 변화와 입체감을 나타내면서 옷 속에 들어 있는 몸매를 미묘하게 드러내고 숨기는 기막힘을 지녔다.

비록 오래된 아르카익 시기의 조각이지만 엉뚱한 면도 보인다. 오른쪽 어깨에서 팔을 따라 동그랗게 내려오는 두 가닥의 선이 보이는데, 머리부터 발꿈치까지 드리워진 베일의 옷단이다. 이때 베일 자락은 곧장 일직선으로 떨어지지 않고 한 번 곡선을 그린다. 오른손 등을 가리는 베일 가장자리를 코레가 엄지로 살며시 잡은 까닭에 내려오던 선에서 물녘을 도는 물결처럼 부드러운 변화가 일어난 것이다.

왼팔에서도 마찬가지 현상이 나타난다. 비록 부서져나가 그 자국만 남았지만 오른팔처럼 옆구리 선에 바짝 붙이지 않고 가슴팍에 왼손을 올려놓았다. 손에는 헤라 신전의 열쇠가 쥐어져 있었으리라 짐작된다. 좌우의 대칭을 크게 벗어나지 않으면서 대칭에서 오는 심심함을 조용히 깬 요소들이다. 움직이지 않으면서 움직임을 심어놓았달까.

약한 목 부분이 부러져서 몸통만 남은 조각상이 많은 만큼, 머리만 따로 있는 것도 흔하다. 루브르 박물관에 있는 사모스 섬의 코레 옆에도 여러 점의 코레 머리 조각이 전시되었다.

밀레트의 코레 머리 조각 대리석, 기원전 520~510년경

어렴풋하게나마 사모스 섬의 코레 얼굴을 짐작해볼 수 있다. 사모스 섬 코앞에 자리한 밀레트에서 만들어진 조각상이기 때문이다. 시간적 간격도 50년 정도밖에 되지 않는다. 머리에 띠를 둘렀고 앞 머리카락은 이마를 덮으며 구불구불 흐른다. 그 끝자락에서 만나는 귀에는 둥근 모양의 귀걸이가 달렸다. 그 아래로 떨어지는 선이 나 있는데 머리에 쓴 베일 자락이다. 사모스 섬의 코레가 머리에 썼던 베일과 비슷한 모양일 것이다. 그 베일에 가려진 것처럼 윤곽이 뚜렷하지 않은 얼굴은 몹시 부드러운 인상이다. 드러날 듯 말 듯 떠오르는 눈썹과 눈동자와 뺨과 입술이 앳된 처녀의 신비스러움으로 빛난다. 마치 백제 미륵불의 미소처럼 포근하게 다가오는 얼굴이다. 비록 코 부분이 떨어져 나갔지만 아르카익 시기의 조각 양식이 얼굴 전체에서 느껴진다. 거의 알아볼 수 없을 만큼 지워졌어도 머리를 덮은 베일에는 붉은색을 칠했던 자국이 남아 있다.

미터 떨어진 바다에 불카노라는 화산섬이 있다. 아직도 지하의 열과 연기를 뿜는 까닭에 이곳이 헤파이스토스가 대장장이질 하던 곳이라는 이야기도 전해진다. 그를 도와 놀라운 물건과 신비로운 무기를 만들던 키클롭스족들도 에트나 화산지대의 깊숙한 동굴에서 작업했다고 한다.

엄청난 자연의 힘을 보여주는 허리케인이나 사이클론과 마찬가지로, 인간 세상을 덮쳐오는 열대저기압인 태풍은 북태평양에 살고 있다. 그리스 신화에 태풍의 말밑이 되는 '티폰'이라는 괴물이 나오는데, 그의 힘이 워낙 대단하여 신들도 제대로 손쓰기 힘들었다. 커질 대로 커져버린 그의 마력은 드디어 제우스에 맞서 겨루기에 이르렀다. 하지만 100개나 되는 용의 머리를 가진 이 괴물은 최고의 신을 넘본 죄로 끝내 에트나의 지하에 갇혀버리고 만다. 지하세계에 갇힌 이 괴물이 화를 억누르지 못하고 뿜어대는 사납고 세찬 불덩이가 마침내 에트나 화산이 되었다는 이야기다. 이렇듯 에트나는 수많은 그리스 로마 신화를 만들어내는 불가마솥과 다름없다.

그 대단한 신화들을 맛보기 위해 그리스 로마 문명이 일어났다 스러졌던 아그리젠토, 카살레, 그리고 시라쿠사를 거쳤다. 유럽을 돌아보려고 여행을 나설 때 사진기는 두고 오더라도 꼭 지녀야 할 것이 있다면 성경과 그리스 로마 신화의 기본 지식이다. 이것이 없으면 비 오는 날 우산도 우비도 없이 길을 나서는 것과 다름없다. 다양한 유럽 문명의 껍질을 벗겨보면 그 속에는 역사와 함께 성경과 신화의 알맹이가 빠짐없이 들어 있기 때문이다. '아는 만큼 보인다'는 말은 어디에서나 메아리친다.

에트나의 괴물,
티폰

　티폰은 제우스조차 이겨내기 힘들었던 무시무시한 괴물이다. 그리스인들의 표현에 따르면 100개나 되는 용의 머리를 가졌고 그 머리마다 번쩍이는 빛을 내뿜는 눈을 지녔다고 한다. 서양 전설에 나오는 나쁜 용의 모습도 여기서부터 비롯됐을 텐데 듣기만 해도 소름이 뻗쳐오른다.

　제우스의 자리를 넘보다 지하세계 깊숙이 갇혀버리고 만 이 엄청난 괴물의 힘은 열대 폭풍인 '태풍'이란 이름의 말밑이 될 정도였다. 자연히 티폰은 태풍을 일으키는 신이기도 했다. 그가 갇힌 위치가 정확히 시칠리아 섬의 에트나 산 아래였다. 비록 싸움에 져 갇힌 신세이긴 해도 그가 얌전히 있을 리 없다. 치미는 분노는 땅을 뒤흔들어버리고 시뻘건 불과 자욱한 재를 뿜어 올리고 바다조차 산더미 같은 파도로 출렁거리게 했다.

　삶의 터전이 활화산 지대여서 아직도 화산 폭발의 두려움을 안고 살아가는 그리스와 이탈리아 사람들은 여전히 티폰의 존재를 지워버릴 수 없다.

에트나 화산을 티폰의 신화에 빗댄 17세기 그림

긴 시간이 흐르는 동안 그의 모습은 갖가지 꼴로 바뀌어갔다. 로마의 시인 오비디우스는 티폰을 거인으로 묘사했다. 도판에서처럼 그의 손발이 시칠리아의 각 모퉁이고 에트나가 그의 머리 부분에 들어맞는다고 했다. 그의 입에서 뿜어대는 불길이 걷잡을 수 없는 화산이 된 셈이다.

제우스가 티폰을 시칠리아 땅속에 가두어버린 때를 과학적으로 따져보면 지금으로부터 거의 50만 년 전이었다. 그때로부터 오늘날까지 티폰은 불타는 노여움을 삭이지 못하고 있다. 인간이 시칠리아 섬에 오기 오래 전부터 산과 바다를 수없이 할퀸 흔적이 남아 있다. 사람이 살면서부터는 그가 화를 터뜨린 모습들이 꼬박꼬박 기록되어 있다.

내가 시칠리아를 떠나온 뒤로도 신문과 방송에서 그의 불같은 저항은 지칠 줄 모르고 계속 들려온다. 그중에도 가장 대단했던 1669년의 폭발은 깊은 상처를 남겼다. 에트나의 남쪽 끝자락인 니콜로지에 자리한 해발 850미터 정도의 낮은 분화구에서 분노가 치밀어올랐다. 티폰이 내보낸 용암은 산등선을 타고 거의 15킬로미터나 떨어진 도시 카타니아를 그대로 덮치고 바다에까지 흘러들면서 제우스의 하늘나라를 가릴 만큼 자욱한 연기를 올려 보냈다.

'산 중의 산'이라는 뜻의 '몬지벨로'로도 불리는 에트나는 현재 3,350미터 정도의 높이를 지녔는데 해발 3,000미터의 꼭대기에서 티폰의 불길을 뿜어내는 입 구멍만 네 개에 이른다. 얼마 전부터 가장 바쁘게 불을 뿜어대어 '새로운 입'이란 별명을 얻은 것도 있고 '철학자의 탑'이란 재미난 이름의 화산 봉우리도 있다. 인간의 안과 바깥에서 일어나는 진리를 밝혀내는 철학자와 유황 냄새를 풍기고 시뻘건 쇳물을 게워내는 화산이 무엇으로 얽혀졌단 말일까?

전설 속에 바로 그 엉뚱한 이음새의 까닭이 전해온다. 지금은 자취조차 없지만 18세기까지는 폐허로 남았던 건물 하나가 에트나 남쪽 분화구 옆에 있었다고 한다. 기원전 5세기의 그리스 철학자인 엠페도클레스가 화산을 가까이에서 연구하려고 세웠다는 탑이다. 스스로를 신으로 믿을 만큼 자부심이 컸던 그는 눈 덮인 산꼭대기에서 불을 뿜는 자연의 정체를 알아보지 않고서는 견딜 수가 없었던 모양이다.

그가 죽고 난 뒤 세월을 두고 구전으로 전해 내려오면서 기이한 철학자의 죽음은 신비스러움으로 덧칠되었다. 그가 에트나의 불구덩이 속으로 홀연히 제 몸을 날렸다고 알려진 것이다. 자신은 결코 죽지 않을 신이라는 헛된 꿈에 사로잡힌 이 철학자의 모순은 2,000년 이상의 시간이 흐른 뒤 불가사의하게 근대 문학에서 되살아났다.

그 하나가 19세기 독일문학에 독특한 흐름을 끌어들인 프리드리히 휠덜린의 미완성 비극인 「엠페도클레스의 죽음」이다. "나는 죽어야 할 운명이며, 사랑하고 괴로워하기 위해 태어났다"고 생각한 시인은 2막의 이 비극을 끝내지는 못했다. 그렇지만 그리스 신화와 기독교 신앙 사이의 중재인 구실을 뛰어난 감성으로 노래했다.

그 영향이 가 닿은 1852년에는 영국 시인 매슈 아널드가 『에트나 산 위의 엠페도클레스』라는 시집을 펴냈다. 이른 아침에 에트나 산자락의 숲에서 시작하여 한낮에 숲의 골짜기를 벗어나서 저녁 무렵에는 에트나의 꼭대기에 오른 뒤 별빛이 빛나는 밤에 시뻘겋게 뒤끓는 화산 속으로 몸을 던지는 철학자의 부르짖음이 장문의 대화 양식으로 남겨졌다.

튀어 오르고, 울부짖어라, 너 불의 바다여!
내 영혼은 너를 만나려고 달아올랐다.
지쳐버리고, 절망과 어둠의 안개가 가리기 전에
다시 한 번 용솟음쳐라.
나를 받아다오! 나를 구해다오!

구스타프 클림트, 「베토벤 프리즈」 중 '가로막는 힘들' 부분
빈 분리파 전시관 벽화, 1902

마지막 외침을 남기고 엠페도클레스가 깊은 분화구로 뛰어들었다고 낭만적 우수의 시인은 노래한다.

시칠리아에서 에트나의 불을 뿜던 티폰이 20세기가 막 시작되던 1902년에 오스트리아 빈에 난데없이 나타났다. 티폰은 '빈 분리파 전시관'을 장식한 폭 2.2미터, 길이 33.95미터짜리 벽화에 나타나 보는 이들의 가슴을 움찔하게 만들거나 악몽에 시달리게 하는 존재가 되었다. 「베토벤 프리즈」는 그 지하 전시장의 벽을 3면으로 길게 둘렀는데 악을 상징하는 티폰은 6.36미터 길이의 한가운데 그림에서도 그 중심에 자리했다.

때는 유럽 최대의 왕가를 자랑하던 합스부르크 왕조가 힘없이 무너져 내리면서 오스트리아의 하늘을 꺼지는 황혼 빛으로 물들이던 시기였다. 완고한 아버지 프란츠 요제프 황제의 그늘 아래서 자유개혁의 이상을 펼치지 못한 황태자 루돌프는 스러지는 제국의 땅거미 속에서 스스로 파멸의 길을 재촉했다. 이루어질 수 없는 밀애의 비극적 종말도 끝장으로 치달았다.

마이얼링 사냥의 성에서 열일곱 살짜리 애인인 마리아 베체라를 먼저 죽음의 세계로 보내고 그 뒤를 따른 황태자의 자살은 1천 년 가까이 이어진 왕조 역사의 막을 서둘러 내리게 했다. 바그너의 거대한 오페라가 끝으로 치닫는 광폭한 앙상블 피날레로 마감되듯이. 그로부터 25년 뒤에는 루돌프

그런 역사의 틈새에서 오스트리아 예술계에서도 아카데미적인 전통에 맞선 새로운 움직임이 꿈틀댔다. 그 당시 유럽을 휩쓸던 아르누보의 흐름 아래 놓인 이 경향을 '분리파'라고 불렀고 그 대표적 인물의 한 사람이 구스타프 클림트였다. 분리파 예술가들은 같은 게르만의 피를 물려받았고 종합예술을 선구적으로 이끌어낸 바그너에게서 그들의 신세계를 향한 방향키를 찾았다. 클림트를 중심으로 그들이 벌인 예술 활동 중 열네 번째 전시의 주제는 베토벤을 기리는 것이었다. 그는 바그너에게도 큰 영향을 미쳤고 종합예술 사상에도 걸맞고 고전음악의 절정을 이루었기 때문이다.

  바로크와 고전주의를 거친 서양 고전음악을 웅장하게 마무리 지은 베토벤의 음악을 들을 때마다 한 위대한 거인을 만나는 느낌을 지울 수 없다. 독주 소나타에서 심포니에 이르기까지 음악이 표현할 수 있는 모든 것이 그에게서 끝났다고 할 정도이다. 그의 작품세계에는 인간적 고뇌까지 스며 있어 짙은 감동이 절로 솟아나온다. 바흐가 하늘나라의 영혼이 담긴 소리를 들려주었다면, 모차르트가 하늘에서 눈부시게 내려오는 빛이었다면, 베토벤은 땅을 딛고 서서 그 빛과 어둠까지 아우르는 인간의 정열을 불태웠다.

　이에 클림트는 베토벤의 마지막 교향곡인 9번 D 단조 「합창」을 충격적인 벽화의 소재로 삼았다. 그 가운데서 그림으로 나타낸 4악장의 '환희의 찬가'는 괴테에 버금가는 독일의 지성 요한 크리스토프 프리드리히 폰 실러의 「기쁨에 부쳐」란 시를 바탕 했다.

　　모든 이여, 서로 안기자!
　　온 세상에 이 입맞춤을!
　　형제들이여, 별의 장막 위에는
　　사랑의 하느님이 계셔야 하고.
　　서로 안기자,
　　온 세상에 이 입맞춤을!
　　환희, 신들의 아름다운 불꽃,
　　엘리시움의 딸,
　　환희, 신들의 아름다운 불꽃.

　20세기 현대음악에 새로운 길을 턴 구스타프 말러가 편곡한 베토벤의 이 장엄한 합창에 맞춰 클림트의 벽화는 전시장을 메웠다. 상징주의와 아르누보 물결에 젖은 그의 작품은 세 부분으로 나뉘었다. 요정들이 떠다니고 권력의 기사 앞에 무릎 꿇은 힘없는 사람들의 '행복을 향한 열망', 인간 세상에서는 끝내 없앨 수 없는 괴로움과 아픔의 묶음들이 등장하는 '가로막는 힘들', 시와 예술과 천사들의 합창과 껴안고 입 맞추는 남녀 한 쌍으로 이루어진 '환희'가 「베토벤 프리즈」의 전체적인 구성이다.

비록 보잘것없더라도 인간은 모두 행복을 바란다. 하지만 진정한 것을 놓치고 겉으로 드러나는 것을 좇다 보면 권력을 쥔 자들에게 자신을 헛되게 바치고 만다. 하물며 죽을 때까지 짊어지고 가야 할 숱한 어려움에 가로막힌 인간은 죄악의 바다를 헤매는 가여운 목숨에 지나지 않는다.

그래도 인간은 거기서 주저앉지 않고 그것을 뛰어넘을 수 있는 양심과 희망을 지녔다. 삶에서 부딪치는 온갖 어려움과 괴로움을 견뎌내면 하늘의 영광이 내려오고 환희의 축복 속에서 이상향을 찾게 되리라는 행복의 노래를 품었다. 그 희망과 행복으로 가는 길목을 가로막는 힘을 이겨낼 수 있는 것이 바로 예술이라고 분리파 예술가들은 믿었다.

여기서 낙원의 길을 막아선 죄악과 고통의 무리의 우두머리로 나오는 것이 티폰이다. 거대한데다 이상야릇한 몸통에 오랑우탄의 머리통을 달았다.

소름끼치는 빛을 뿜는다는 그의 눈동자는 초점 없이 뚫렸고 튀어나온 주둥이의 벌어진 입 안에는 헝클어진 이빨들이 섬뜩하게 드러나고 사방으로 뻗친 뻣뻣한 털들은 원시적 공포를 불러일으킨다. 왼손에 인간의 해골들을 움켜쥐고 있어 더욱 악마로서 무시무시함을 풍긴다. 신화에서는 티폰이 어울리지 않게도 황금날개를 가졌다고 했다. 「베토벤 프리즈」에서도 육중한 고릴라의 몸통보다도 훨씬 인상적인 크기의 날개가 달렸다. 그 아래로 클림트 특유의 도안이 가득한데 끝없이 뒤엉킨 뱀의 똬리가 티폰의 아랫도리를 이루었다.

    이 끔찍한 괴물을 한가운데에 두고 두 무리의 여자들이 나란히 나온다. 그의 오른쪽에 벌거벗은 채로 서 있는 세 명이 바로 고르곤 자매들이다. 황금 똬리를 틀어 머리를 수놓거나 구물거리는 몸통을 길게 늘어뜨린 뱀들이 징그러운 이 여자들의 정체를 밝혀준다. 어떤 신화에서는 고르곤이 티폰의 딸들이라고 전하는데 왼쪽에서부터 아픈 것, 미친 것, 죽는 것을 상징한다. 티폰에게 기댄 셋째가 메두사인 셈이다.

    티폰을 중심으로 그 대칭인 곳에도 전형적인 클림트의 여자들이 인간의 머릿속에 들어 있는 원초적 본능을 벌거벗겨 드러낸다. 유혹적인 눈초리와 도발적인 몸가짐을 드러내는 욕정, 빠져나올 수 없는 구렁으로 빨려드는지도 모른 채 순간의 만족에 잠겨 눈을 감은 쾌락, 늘어진 젖가슴과 불러터진 배를 다 내어놓고도 부끄러워할 줄 모르는 방종이다.

그리스 신들이 인간에게 멍에를 씌우기 위해 처음으로 빚어낸 여자가 '판도라'였다. 그녀가 열어서는 안 될 단지를 기어코 열게 됨으로써 인간의 불행들이 쏟아져 나왔듯이, 인간이 가진 나쁜 점들을 꼬집는 클림트의 그림에도 온통 여자들이다. 이것은 20세기를 전후하여 떠오르기 시작한 여성 신분에 대한 빈의 사회 풍조를 클림트의 방식으로 파헤친 것이다. 더불어 같은 시대, 같은 도시에서, 인간의 무의식과 본능을 지배하는 성의 비밀을 분석하던 지그문트 프로이트의 정신세계를 선과 색채로 나타낸 것이다.

에트나에 오르다

원시본능으로 가는 여행

신화 속에서 살아 움직이던 에트나. 마침내 그 산으로 올라갈 시간이다. 에트나를 바라보던 산 지오반니 라 푼타의 호텔을 떠나 산으로 향한다. 그 길목에 자리한 산마을인 니콜로지에 이르니 길이 두 갈래로 나뉜다. 하나는 남쪽 등선을, 다른 하나는 북쪽 등선을 타고 오르는 길이다. 화산 폭발로 자신의 존재를 드러내던 티폰은 이 양쪽 등선조차 모두 부숴버렸었다. 2001년과 2002년에, 또다시 참지 못하는 성깔로 남쪽 북쪽 가릴 것 없이 산장과 등산 시설들을 크게 망가뜨려버린 것이다.

두 갈래 길에서 남쪽 등산로가 시작되는 사피엔차 산장으로 이르는 길을 골랐다. 게다가 큰길을 타지 않고 동쪽으로 멀리 도는 꼬불꼬불한 도로로 차를 몰았다. 그래서인지 목적지에 도착할 때까지 아무도 없는 카오스의

해발 1,910미터 높이의 사피엔차로 가는 남쪽 산마루 도로 어귀부터는 사람의 흔적이 드물다. 산굽이 돌아가는 후미진 도로에는 다니는 차도 없다. 녹슨 표지판만 간단히 지명을 알려줄 뿐이다. 단순하지만 에트나를 나타낸 안내 도안이 재미나다. 파란 바탕과 노란 테두리에 새겨진 까만 글자가 뚜렷하게 눈에 들어와 잠시 차를 세우게 된다. 네 글자의 짧은 산 이름도 산봉우리에서 연기를 뿜는 삼각형 화산 모양도 암호처럼 많은 뜻을 담고 있는 듯하다.

용틀임하듯 꼬이면서 들린 용암의 단면 사이로 벌써 자라나 있는 풀과 나무들이 끈질긴 삶의 되새김을 보여준다. 식으면서 단단해진 용암 덩어리는 땅속의 압력으로 솟아오른 마그마의 구성 성분을 한눈에 보여준다.

사진에 보이듯이 용암의 가장 바깥 표면에는 현무암층이 울퉁불퉁하게 굳었다. 만들어진 지 얼마 되지 않은 까닭에 아직 짙은 회색을 띤다. 그 부분에는 엿가락을 동강냈을 때 드러나는 구멍들처럼 크고 작은 구멍들이 뚫려 있는데, 마그마가 땅 바깥으로 나와 식을 때 용암 속에 있던 휘발성 가스가 빠져나가면서 생긴 공기 구멍의 자국이다.

다공질암석多孔質岩石인 점으로 미루어 냉각 속도가 아주 빨랐거나 휘발성 성분이 많이 포함되었음을 알 수 있다. 아울러 산 중턱까지 흘러내려온 점으로 보아 이 용암은 점성이 낮은 종류임을 말해준다. 섭씨 1,200도 정도의 높은 온도인 현무암 용암은 산비탈을 타고 멀리까지 흘러간다. 또한 흐르는 마그마 속에 휘발성 성분이 많으면 점성이 낮아져 훨씬 빠르게 그리고 먼 곳까지 이른다. 그 바깥 표면이 시간의 흐름에 바스러져 고운 모래처럼 쌓이면 어느새 그 위로 풀들이 뿌리를 내린다. 검은 모래 터에 지나간 산짐승들의 발자국이 오롯이 남는다.

호젓함을 고스란히 맛보았다. 사방으로 성난 파도처럼 밀려 내려와 굳어버린 용암의 시꺼먼 바다는 인간 본능에 잠자고 있던 원시의 두려움을 일깨워주고도 남았다. 땅속 깊은 곳에서 올라온 용암은 꿈틀거리듯 기괴한 모양으로 땅 껍질에서 굳어버렸다. 구름으로 낮아진 하늘 아래, 사방을 휘둘러보아도 아무런 소리 들리지 않는 무거운 정적은 지금이라도 불을 뿜을 듯한 긴장감을 흘려보낸다.

막힌 도로를 다시 뚫기 위해 온통 뒤덮인 용암을 잘라낸 층층의 단면들은 쉴 새 없이 돌아 올라가는 도로를 따라 그때의 재앙을 엊그제 일처럼 보여준다. 이제는 그 화산재에 뿌리를 내린 어린 나무들이 군데군데 자라 있고 풀과 이끼도 덮여 있다. 사라지고 다시 나타나는 생명 순환의 노래는 여기서도 힘차게 들린다. 산으로 높이 오를수록 멀리서 바다가 떠오르고 낮은 분화구들이 둥그런 모습을 하나둘씩 드러낸다. 더 높은 곳엔 아침에 보았던 구름들이 아직도 띠를 이루어 산을 감싸고 있다.

무엇이라고 잡아낼 수 있는 소리는 전혀 들리지 않는다. 평소에 들을 수 없던 심장의 벌떡거리는 소리만 몸속에서 울릴 뿐이다. 해 떨어지고 어둠이 내릴 무렵의 사하라 사막 깊숙한 곳에 혼자 섰을 때 갑자기 귀가 먹먹해지면서 침묵의 소리가 들리던 기억이 스쳐간다. 이럴 때 느껴지는 것이 흥분된 두려움이다. 홀로 만나는 원시적 자연의 위대함은 태고의 시간으로 돌아간 보잘것없는 한 인간의 본모습을 비춘다. 이 순간에는 어떤 여행으로도 가볼 수 없는 내면의 세계로 들어가 겹겹이 가려진 원시본능을 만나 보는 강렬한 떨림을 비로소 느낄 수 있다.

루브르에서 꿈꾸던 에트나

구름과 눈으로 덮인 사피엔차 산장에 도착했는데 바로 눈앞조차 보이지 않는다. 갑자기 살 속을 따갑게 파고드는 모진 산속 추위가 몰아쳐 조금 전 지중해 바닷가에서 느낀 온화한 날씨가 오히려 믿기지 않을 정도다. 에트나의 정상까지 오르려면 눈이 다 녹는 5월을 기다려야 한다니, 3,000미터를 넘기는 높은 산의 속사정은 멀리서 보기와는 달리 만만치 않다. 다른 쪽 길을 따라 올라왔는지 갑자기 많은 사람들이 산장 주변에 모여 북적거린다. 인적이 끊어진 길을 따라 잠시나마 인간 존재 이전의 시간을 다녀온 듯한 느낌이 얼마나 인상적이었는지, 사람들의 시끄러운 소리가 무척 낯설다.

스키를 타거나 더 높은 곳으로 가려는 사람은 이곳에서 케이블카로 해발 2,500미터 높이에 자리한 몬타뇰라로 올라간다. 화산이 불을 토할 때는 미리부터 낌새를 보이기 마련이지만 몬타뇰라로 오르는 사람들은 행여나 붉은 용암이 금방이라도 터져 나오지 않을까 긴장한 눈치다. 높이 오를수록 발아래가 모두 기막힌 구름바다. 차츰 에트나의 불 주둥이 가까이로 다가가는 셈이다.

구름 위로 올라온 사람만이 볼 수 있는 놀라운 광경은 막힘없는 파노라마로 펼쳐진다. 눈을 못 뜰 만큼 새파란 하늘, 바로 머리 위에 걸린 듯한 불덩이에서 쏟아지는 햇살, 그 빛이 다시 하얀 눈에 되비쳐 어지럽도록 쏟아져 들어오는 황홀함, 지상의 세계를 가려버리고 천상의 세계를 연출하는 구름, 하얀 눈이 거친 용암을 덮어버린 부분과 군데군데 드러난 부분이 엇

몬타뇰라에서 올려다 본 에트나의 산봉우리들이다. 몬타뇰라 산장은 해발 2,500미터에 있는데, 높이 2,640미터의 몬타뇰라 봉우리가 바로 가까이에 있어 붙여진 이름으로 여기까지 케이블카가 닿는다. 이곳에만 올라와도 하늘에 맞닿은 듯한 느낌이 든다. 귓가를 휘감는 세찬 바람들이 빠르게 바뀌는 구름들을 몰고 가버리면 코발트 빛 하늘에선 푸른 물방울이 뚝뚝 떨어질 정도로 짙은 천막天幕을 드리운다.

발아래에는 북위 37도에 걸친 지중해의 섬이란 실감이 나지 않을 만큼 깊은 눈이 쌓여 있어서 걸을 때마다 발목까지 빠진다. 휘몰아치는 바람을 맞는 부분에는 굳은 용암이 시커먼 모습을 드러낸다. 높은 지대의 낮은 기온으로 급속히 굳어서인지 거친 표면의 용암들은 유리창에 핀 성에처럼 날카로운 모양이다.

그 놀라운 자연의 형상 위에 다시 얼음이 엉긴 채 빛나는 모습은 화산의 불모지에서 피는 꽃 같다. 앞은 구름바다지만 뒤는 가파른 산봉우리들이 하늘병풍처럼 에워싸고 있다. 사진의 가운데 봉우리에서는 연기가 끊임없이 솟아나는데 거센 바람에 금방 구름이 되어 흩어져버린다.

갈리는 흑백의 조화……. 이 모두가 구름바다 위의 산을 온통 환상의 세계로 바꾸어놓았다.

무엇과도 비교할 수 없을 정도로 감동적인 것은 눈앞에 바로 펼쳐진 에트나의 산봉우리들이다. 분화구에서 막 솟아나는 뜨거운 연기들이 금세 흰 구름이 되는 장관이 펼쳐진다. 이곳이 바로 그 많은 신화의 용광로인 에트나임을 생각하니, 여기까지 달려온 시간과 공간이 스치면서 가슴을 터뜨릴 듯이 벅차오른다. 저 뜨거운 열기를 뿜어내는 분화구를 통해 하데스는 납치한 페르세포네를 데리고 자신의 지하왕국으로 들어간 것이다.

짙은 구름들이 몰려와 하늘을 뒤덮고 있는 가운데 하데스가 모는 네 마리의 검은 말들이 이미 어둠에 감싸인 산등선 모퉁이로 힘차게 내닫는다. 죽음의 세계로 들어서는 에트나의 화산 분화구에 닿으려면 아직 부지런히 달려야 한다. 마차에서 발버둥치는 페르세포네가 시야에서 점점 작게 사라져가는 친구들을 향해 마지막 구원의 몸짓을 보내고 있다. 건장한 하데스는 어렵사리 얻은 신부를 행여나 놓칠까, 안간힘을 쓰는 페르세포네를 꽉 부둥켜안았다. 산꼭대기를 향해 도망치는 이들의 뒷모습이 다급하기 짝이 없다. 잡혀가는 여자의 애절한 외침은 사방으로 흩어져 이제 더이상 들리지 않는다.

이것은 니콜로 델 아바테가 그린 「페르세포네의 납치」에 나오는 장면이다. 이 그림은 르네상스 이후의 이탈리아 작품들과 함께 센 강을 따라 길게 뻗은 루브르 박물관의 대회랑에 걸려 있다. 시칠리아와 신화를 품은 채.

니콜로 델 아바테, 「페르세포네의 납치」
캔버스에 유채, 196×220cm, 16세기, 루브르 박물관 소장

퐁텐블로에 심긴 마니에리스모

르네상스의 아름답고 화려한 꽃이 활짝 피고 난 뒤, 차츰 시들고 변색되어가는 꽃송이처럼 생긴 것이 새로이 생겨났다. 어딘가 부자연스럽고 내용보다는 기교가 돋보이고 알 수 없는 분위기로 가득한 그림들이다. 갈 데까지 간 듯한 지나친 과장과 이성과 과학으로 이뤄놓은 바탕을 송두리째 구겨버린 듯한 비정상적인 표현이 즐비하다. 이런 후기 르네상스 양식을 '마니에리스모 manierismo'라고 부른다. 이런 조짐은 이미 미켈란젤로와 라파엘로부터 나타나기 시작했고 자코포 다 폰토르모와 파르미자니노에 이르러 그 정점에 다다랐다.

그런 말기적 예술 사조를 받아들이고자 했던 앙리 2세의 요청에 따라 이탈리아 볼로냐에서 프랑스로 건너간 아바테는 죽을 때까지 그곳에 머물렀다. 그가 선 자리에는 '퐁텐블로화파'라는 새로운 양식이 이미 싹트고 있었다. 앙리 2세의 아버지이자 프랑스 르네상스의 아버지였던 프랑수아 1세가 뿌린 씨에서 돋아난 싹이었다. 퐁텐블로 성은 파리로부터 남동쪽 직선거리로 약 60킬로미터 떨어진, 프랑스 왕조들의 700년 역사가 깃든 곳이다. 16세기 이탈리아 르네상스의 흐름을 받아들여 예술과 문화로 새롭게 꾸며놓은 성에서 퐁텐블로화파가 생겨났다

넓은 숲으로 둘러싸여 사냥 궁전으로서 제 몫을 넘치게 해내던 이 성을 화려한 예술의 산실로 바꾸고 거기에 프랑스 문화의 주춧돌을 놓은 이가 프랑수아 1세였다. 기다란 코에 조그만 눈을 가진 볼품없이 생긴 인물이었지만 멋을 아는 왕이었다. 그는 이탈리아의 앞서가는 예술가들을 끌어들여

풍텐블로 성을 아름답게 꾸몄을 뿐 아니라 이름난 예술가들을 불러 프랑스 르네상스를 일으켰고 뛰어난 작품들을 여러모로 사 모았다.

작품 주문이 끊어진 채 말년에 이른 레오나르도 다 빈치가 로마를 떠나 끝내 남의 나라인 프랑스에 뼈를 묻게 된 까닭도 프랑수아 1세의 간절한 부름 때문이었다. 오늘날 전 세계 사람들을 루브르 박물관으로 모여들게끔 하는 「모나리자」 「암굴의 성모」 「성모자와 성 안나」가 이곳에 걸려 있는 까닭도 프랑수아 1세로부터 비롯된다.

그의 초청을 받은 레오나르도가 이 작품들을 프랑스로 가져오지 않았더라면 「모나리자」가 감쪽같이 사라져 떠들썩했던 1911년의 사건도 일어나지 않았을 것이다. 루브르 박물관의 한 이탈리아 일꾼이 훔친 「모나리자」는 이때 오랜만에 이탈리아로 친정나들이를 다녀온 셈이었다. 이런 레오나르도의 작품들과 얼마 떨어지지 않은 곳에 지금도 마주 걸려 있는 라파엘로의 「아름다운 정원사」와 「성 미카엘」도 예술적 감각이 남달랐던 프랑수아 1세의 소장품이었다.

빈 미술사 박물관에 보관되다가 2003년에 도둑맞을 만큼 유명한 수공품 「소금그릇」과 풍텐블로 성 정문을 장식하기 위해 만든 청동조각인 「풍텐블로의 요정」을 만든 이는 벤베누토 첼리니다. 그도 풍텐블로에서 프랑수아 1세의 보호 아래 작품 활동을 했다. 카라바조만큼이나 걷잡을 수 없는 망나니였던 첼리니는 가는 곳마다 소동을 일으키고 사람을 죽이고 사형선고를 받고 달아나기를 반복했다. 그럼에도 뛰어난 재능 때문에 다시 구제되고 또 다른 몹쓸 짓에 휘말려 도망 다녔다. 그를 불러들이고 뒤를 봐준 이도,

벤베누토 첼리니, 「소금그릇」
흑단·상아·칠보·황금, 높이 26× 길이 33.5cm, 1543, 빈 미술사 박물관 소장

직접 눈으로 볼 수 있는 첼리니의 보석 수공품 중 유일한 작품이다. 프랑수아 1세의 부름을 받고 이미 프랑스를 한 번 다녀간 뒤 그를 위해 만들기 시작한 이 그릇을 지니고 첼리니는 1540년에 다시 퐁텐블로를 찾았다. 1543년에야 끝낼 수 있었던 이 「소금그릇」은 긴 시간 작업한 만큼 섬세하고 화려한 장식으로 가득 채워졌다.

소금을 담을 수 있는 오목한 그릇을 곁에 두고 한 쌍의 남녀가 아무것도 걸치지 않은 알몸으로 서로 마주 앉아 있다. 남자의 오른손에는 삼지창이 들려 있고 곁에 말 모양의 바다동물을 두고 있다. 이런 상징물로써 그가 바다의 신인 포세이돈임을 짐작할 수 있다. 어째서 땅에 사는 말이 바다의 신을 상징하는지 궁금하다면 바닷가의 파도를 떠올리면 된다. 먼 바다에서 흰 물거품을 일으키며 밀려드는 큰 물결이 그리스인들의 상상력을 자극하여 달리는 흰 말이

된 것이다. 바람과 구름과 비를 불러일으킬 수 있는 삼지창 또한 파도의 거센 힘을 나타낸다. 맞은편의 여자는 상대적 위치로 보아 물의 요정이자 그의 부인인 암피트리테로 여겨진다. 로마 시절의 모자이크에서는 벌거벗은 몸을 가볍게 감싼 차림새로 바다의 말이 끄는 마차 위에서 포세이돈과 함께 왕비의 모습으로 등장한다. 아니면 아랫도리가 맞물린 자세 때문에 바다와 대칭인 땅의 여신으로 받아들여지기도 한다.

어느 쪽으로 보아도 강한 에로티시즘의 상징적 요소가 이 작품의 매력임을 부인할 수 없다. 성기처럼 창을 든 남자와 젖꼭지를 살짝 만지는 여자, 비스듬히 윗몸을 눕힌 채 서로를 바라보는 남녀, 가운데서 엉겨 만나는 네 개의 다리, 남자의 발목에 닿는 여자의 발끝 등은 예사로운 장식에만 그치지 않는다. 그릇받침에도 풍만한 알몸을 드러낸 남녀가 돌아가며 누워 있다. 포세이돈 둘레는 수컷임이 느껴지는 네 마리의 말들이 벌떡거리고 여자의 밑에는 아치 모양으로 뚫려 여성을 생각나게 하는 개선문이 세워졌다.

뭐라고 꼬집어내기 힘들어도 두 남녀 사이를 붙들고 있는 보이지 않는 성의 연결을 '화학적 결합'이라고 보는 해석도 있다. '현자賢者의 돌'을 찾아 점성학, 철학, 물리, 화학, 신학, 그리고 의학을 아우른 연금술과 연관됐다고 보는 까닭이다. 인류가 거쳐온 중요한 진보 과정의 한 부분을 차지했던 학문이며 신비스러움이다.

현자의 돌로 모든 금속을 금으로 바꿀 수 있는 방법을 믿었던 연금술사들은 유럽에서뿐만 아니라, 아랍과 인도와 중국에서도 이런 신비스런 자연현상의 답을 찾아내려고 숱한 실험과 연구로 갖은 노력을 다 기울였다.

프랑수아 1세는 이 연금술에 흠뻑 빠졌던 왕이며 첼리니는 어릴 때부터 연구실에서 연금술의 환영을 보았다고 믿는 금세공업자였다. 그밖에도 많은 마니에리스모 예술가들이 연금술의 마력을 깊이 파고들었다. 그런 연금술에 뜻을 같이한 왕과 예술가가 꾸며놓은 퐁텐블로 성에는 'F'자의 이니셜과 함께 불을 뿜는 샐러맨더 무늬가 곳곳에 장식되어 있다. 도롱뇽을 닮은 이 조그만 용은 복잡한 연금술 과정의 마지막 단계에 필요한 엄청난 열을 뿜어주는 불의 정령이다. 그것의 등장은 마침내 신비의 연금술이 이루어졌음을 뜻한다. 서로 다른 두 성질의 물질이 합쳐져 새로운 성질의 형태가 이루어진다는 '화학적 결합'은 연금술에서 다루는 자연원소의 풀기 어려운 신비적 결합과 반응을 상징하는 것이다.

이 「소금그릇」에는 바다의 남신과 땅의 여신이 결합했다. 그리고 어딘가에는 그토록 찾던 연금술의 비밀이 감추어져 있었는지 처음 이 작품을 본 프랑수아 1세는 한동안 넋을 잃고 황금빛 눈부신 그릇에서 눈을 떼지 못했다고 전한다.

퐁텐블로 성에 숱한 'F'자 이니셜을 새겨둔 프랑수아 1세였다.

　흑단, 상아, 칠보, 그리고 황금으로 만들어진 르네상스 최고의 수공품인 「소금그릇」은 도적맞은 지 2년 반이 지나 되찾을 수 있었고 프랑스 마니에리스모의 대표적 조각품인 「퐁텐블로의 요정」은 지금 루브르 박물관에 보관되어 있다. 이렇듯 프리마티초, 첼리니, 로소 등의 이탈리아 예술가들이 16세기 중반부터 프랑스 땅에 마니에리스모의 꽃나무를 심어 피워낸 예술 양식이 퐁텐블로화파의 이름으로 뿌리내렸다.

　아바테가 프리마티초와 함께 퐁텐블로 성에 그린 많은 벽화들은 모두 사라졌다. 그가 퐁텐블로화파와 17세기의 프랑스 화가를 비롯하여 그 뒤의 풍경화에 끼친 영향이 적지 않은데도 그의 이름과 작품은 그리 널리 알려지지 않았다. 그 때문에 루브르 박물관의 수많은 유명 작품 속에 파묻힌 「페르세포네의 납치」 앞에 서서 그 뜻을 새기며 감상하는 사람은 매우 드물다. 그 속에 담긴 시칠리아의 매력과 이야기를 알지 못한다면 눈에 잘 들어오지도 않는 그림이다.

지하세계를 움직인 페르세포네의 미모

　　　　　　아바테의 그림 속에서 발버둥 치며 붙들려가는 페르세포네는 그 누구도 따를 수 없을 만큼 아름다운 여자였다. 비너스가 질투할 만큼 예뻤던 프시케조차 아름다움을 받아내기 위해 찾아간 여신이 바로 페르세포네다. 이토록 눈부신 여자를 아무도 시집가기를 꺼리는 지하세계의 동생에게 주기로 약속한 제우스는 기회를 엿보던 참이었다. 그러던 어느 날, 페르세포네는 물의 요정들과 함께 엔나 지방의 풀밭에서 골똘히 꽃을 따고 있었다. 엔나는 시칠리아 섬 한가운데에 자리한 곳으로 카살레의 빌라 로마나에서 그리 멀지 않은 언덕 지대다. 여기서 에트나의 산자락까지는 약 50킬로미터의 거리를 두고 있다. 눈에 너무 띄는 꽃은 일찍 꺾이는 법, 한눈에 드러나는 딸의 미모를 걱정한 데메테르는 그녀를 시칠리아의 가장 깊숙한 곳에 숨겨놓았던 것이다.

이때를 놓치지 않은 제우스는 으슥한 곳에 수선화 한 송이를 함초롬히 피어나게 했다. 페르세포네는 거기에 정신이 팔려버렸고 그때 번개처럼 나타난 하데스가 그녀를 낚아채어 튼튼한 어깨에 들쳐 멨다. 깜짝 놀란 그녀는 버둥거리며 있는 힘을 다해 울부짖었다. 그 소리를 듣고 페르세포네의 위급함을 알아차린 요정들은 친구를 훔쳐 달아나는 하데스를 향해 헛된 몸짓과 소용없는 고함만 질러댔다. 페르세포네가 붙들려간 자리에는 그녀의 옷에서 떨어져 나온 얇은 옷 띠만 애처롭게 남아 있다.

아바테의 그림 아랫부분에는 발을 동동 구르는 요정들의 무리와 멀어지는 남녀 사이에 또 한 여자가 있다. 이런 북새통에도 아랑곳없이 그녀는 비스듬히 누워 앞만 물끄러미 바라본다. 땅속 동굴 같은 곳에 들어가 있는 그녀의 팔 밑을 들여다보면 물 항아리가 엎어져 주둥이에서 물이 줄줄 흘러나온다.

옛 서양 사람들은 강물의 신이나 요정이 가진 물독에서 물이 흘러나와 이윽고 강을 이룬다고 믿었다. 지구를 두르며 흐르는 강을 '오케아노스'라고 불렀다. 오케아니데스라고 불리는 물의 요정들은 바다를 뜻하는 오케아노스 신의 딸들이다. 3,000명에 이르는 그녀들은 물이 있는 곳을 다스리는 요정이 되었다.

그림에서 물을 쏟아내는 요정도 다름 아닌 오케아니스. 페르세포네와 어울려 꽃을 따던 물의 요정들의 존재를 간접적으로 밝혀주는 셈이다. 첼리니의 「소금그릇」에 등장했던 암피트리테도 오케아니데스 중 하나였다. 포세이돈은 춤추는 그녀의 모습에 홀려 단박에 반해버리고 말았다. 그의 사랑을 뿌리치고 숨은 암피트리테를 끝까지 찾아낸 바다의 신은 그녀를 기어이 아내로 맞이했다. 형제인 포세이돈과 하데스는 부인을 얻는 방법도 닮았다.

우연처럼, 또 다른 물의 요정이 「페르세포네의 납치」에서 멀지 않은 루브르 박물관의 층계참에 나타난다. 아바테보다 먼저 프랑스에 와서 마니에리스모를 전한 첼리니가 1542년과 1543년 사이에 만든 「퐁텐블로의 요정」이란 조각에서다. 아바테가 첼리니로부터 받은 영향을 읽을 수 있는 작품이다.

지름이 4미터가 넘는 반원형의 이 청동 부조는 프랑수아 1세의 요청으로 만들어졌다. 퐁텐블로 성으로 들어서는 정문 위에 세워두려고 프랑수아 1세는 남다른 솜씨를 가진 첼리니에게 이 일을 맡겼다. 그런데 어쩌다 왕과 예술가의 사이가 틀어지고 첼리니는 갑자기 이탈리아로 돌아가버렸다. 결국 이 청동작품은 퐁텐블로 성을 빛내지 못했다.

그 뒤에 똑같이 본떠 만든 청동조각이 다른 성의 정문을 장식한 일이 생

벤베누토 첼리니, 「퐁텐블로의 요정」 청동, 205×409cm, 1542~43

첼리니는 놀라운 솜씨를 지닌 보석 세공인이지만 조각에 있어서도 르네상스 최고의 수준에 오른 인물이다. 피렌체 우피치 미술관 옆의 시뇨리아 광장에 세워진 「메두사의 목을 든 페르세우스」가 그 대표작의 하나다. 미켈란젤로마저 뛰어넘고자 했던 그가 프랑수아 1세와 갈라서서 이탈리아로 돌아간 이듬해에 만든 작품이었다. 완벽한 균형의 인체로 만들어진 이 작품과는 달리, 「퐁텐블로의 요정」에서는 과장된 표현이 지나친 마니에리스모의 경향이 뚜렷하다. 머리의 크기에 견주어 몸 길이가 걸맞지 않게 길다. 여성스럽지 않은 우락부락한 몸매에 다리를 꼬고 비스듬히 드러누운 몸가짐도 몹시 어색하다.

요정의 둘레를 숲속의 동물들이 잔뜩 둘러쌌고, 그 뒤로 숲을 나타내는 나무들이 큰 바위들 위에 솟아 있다. 오래 전에는 파리 주변이 모두 평편한 바다 밑이었다. 퐁텐블로 숲에는 분지 지역에서 볼 수 없는 큰 바위 언덕들이 군데군데 있는데, 바다 속에서 생물체의 찌꺼기가 퇴적된 석회암층과는 달리, 고운 모래가 퇴적되어 만들어진 이 사암들은 퐁텐블로 숲의 색다른 특징이다. 첼리니가 퐁텐블로를 나타낼 때 이런 사암의 큰 바위들을 빠뜨리지 않은 것으로 보아 그 넓은 숲 속을 잘 알고 있었나 보다. 이 부조는 정밀 세공인인 첼리니가 처음으로 크게 만든 작품이다. 그래서인지 이 부조는 통짜가 아니라 퍼즐처럼 여러 조각으로 나뉜 것을 둥근 청동 못을 박아 서로 이어놓았다.

겼다. 프랑수아 1세의 아들인 앙리 2세가 자신의 정부였던 '푸아티에의 디안'을 위해 만든 '아네'성의 입구에 달아놓게 한 것이다. 뿐만 아니라, 무도회를 위해 16세기에 다시 손보았던 루브르의 '카리아티드의 방'에도 판에 박은 듯한 조각이 걸려 있다. 예술적으로 매우 뛰어난 이 방은 우아한 르네상스풍으로 꾸며졌다. 춤추는 왕과 귀족들을 위해 악사들이 넓은 공간을 내려다보며 연주하던 발코니가 딸려 있다. 그 벽에 걸린 또 다른 「퐁텐블로의 요정」은 뿔 잘린 수사슴을 빼고는 첼리니가 만든 원작과 똑같은 모양이다. 이렇듯, 몸뚱이가 길어빠진 마니에리스모 양식의 요정은 루브르 박물관에서나 아네 성에서나 물 항아리를 기울여 강물을 쉬지 않고 쏟아내고 있다.

죽음의 과일, 빨간 석류

짙은 숲으로 둘러진 아바테의 「페르세포네의 납치」 앞부분에는 서로 다른 시점의 내용이 같은 화폭 위에 펼쳐진다. 그림 중앙 오른쪽에 하데스가 페르세포네를 억지로 부둥켜안고 달아나는 순간이 그려졌는데, 똑같은 두 인물이 에트나를 향해 올라가는 장면이 그보다 오른쪽 위에서 이어 나온다. 르네상스 미술이 들어서면서 사라졌던 중세기의 표현 양식이 오랜만에 되돌아온 셈이다.

그때의 그림에서는 똑같은 인물이 한 화면에 되풀이해서 등장하면서 다른 시점의 이야기들을 보여주었다. 예술적 아름다움보다 이야기를 전하는 구실이 더 중요했기 때문이다. 신화의 긴 줄거리를 모두 한 그림 속에 집어넣으려던 아바테가 부득이 옛사람들이 이야기를 풀어나가던 방식을 따랐던 것이다.

그림의 배경에는 구름에 가리지 않은 곳에서 밝은 빛이 비친다. 폐허가 듬성듬성 남은 벌판과 바닷가를 따라 들어선 마을들과 높다란 산들이 멀리까지 펼쳐졌다. 아바테는 시칠리아에 가보지 못했을 텐데 실제와는 달라도 그럴 듯하게 그려낸 셈이다. 이 배경 속에는 또 다른 이야기의 장면이 펼쳐져 있다.

니콜로 델 아바테, 「페르세포네의 납치」

그림의 가운데 즈음에 멀리 헐벗은 들판 위로 한 여인이 홀로 헤매고 있는 모습이 눈에 띈다. 딸을 잃고 넋이 빠진 채 온 사방을 샅샅이 찾아다니는 데메테르다. 신화에서 이렇게 자식에 대한 애착을 유난스레 보여주는 신은 드물다. 데메테르라는 이름이 대지를 뜻하기에 땅이 지닌 모성적인 성격 때문일까?

어이없게도 막내 남동생이 자신의 딸을 훔쳐갔다는 사실을 알아낸 데메테르는 죽음의 세계로 내려간다. 하지만 하데스에게 한마디로 거절당하자 이번에는 오빠 제우스를 찾아간다. 이러지도 저러지도 못하고 입장이 어려워진 제우스는 시치미를 떼며 좀처럼 해결에 나서지 않았다. 지하세계에서 꿈쩍 않는 하데스는 꿈에도 예쁜 색시를 돌려줄 생각이 없고 시간만 흘러갔다. 딸을 되찾아오지 못하는 동안에 화가 머리 꼭대기까지 치민 데메테르는 농경의 보살핌을 팽개쳐버렸다. 그로 인해 땅에서는 아무것도 제대로 자라지 못하는 지경에 이르렀다. 인간들은 먹을 것이 없어 아우성이고 신들도 문제의 심각성을 그대로 둘 수 없었다.

드디어 막판에는 재협상이 이루어졌는데 영악스러운 제우스는 두 동생을 동시에 만족시킬 꾀를 몰래 궁리했다. 데메테르에게는 딸을 돌려준다고 약속하는 동시에 하데스에게는 비밀리에 심부름꾼인 헤르메스를 보내어 페르세포네가 지하세계를 떠나기 전에 그녀에게 뭔가를 먹이라고 귀띔해준다. 죽음의 세계에 들어온 자는 그 어떤 것이라도 먹으면 영영 그곳을 벗어날 수 없기 때문이다. 이를 알아차린 하데스는 떠나가려는 페르세포네에게 먹음직하게 벌어진 석류를 건넸고 그녀는 아무 생각 없이 빨간 빛깔이 고운 석류 씨 몇 알을 집어먹는다. 뒤늦게 딸이 이런 미끼에 걸려들었음을 알게 된 데메테르는 어쩔 수 없이 자신의 고집을 어느 정도 꺾고 말았다. 1년 가운데 3분의 2는 어머니와, 3분의 1은 남편과 지내야 하는 운명이 페르세포네에게 떨어진 것이다.

사계절의 비밀

신화의 이런 이야기는 그저 잔재미로 그치지 않고 상징적인 뜻을 지니기에 더욱 값지다. 데메테르가 농경의 여신이며 동시에 땅속 세계의 여신이듯이, 페르세포네도 지하세계의 여왕이며 더불어 밀의 여신이다. 농경이 중요했던 고대 그리스인의 생각이 반영된 바다.

모든 농사는 땅에서 이루어지는데 땅은 모든 생명의 품속이고 모든 죽음이 돌아가는 곳이다. 이는 생명이 시작되는 봄에서 죽음을 맞는 겨울에 이르는 사계절이 끝없이 되풀이되는 것과 똑같은 진리다. 그리스 사람들은 죽음과 삶이 따로 떨어지지 않은 채 서로 맞물려 돌아간다는 믿음을 자연스럽게 가졌다. 따라서 페르세포네의 운명에는 농경과 떼놓을 수 없는 계절의 순환이 내포돼 있다.

페르세포네에게는 땅에 뿌려진 씨앗이 자라는 봄에서부터 다 자란 열매를 거둬들이는 가을까지가 농경의 여신인 어머니와 함께 지내는 계절이다. 그 뒤로부터 이듬해 봄까지의 황량한 겨울은 죽음의 지하세계에서 남편과 지내는 시간이다. 그런데 정작 그리스 신화의 계절 구분은 앞의 내용과는 다르다. 왜냐하면 그리스에서는 가을에 씨를 뿌려 늦은 봄에 밀을 거둬들이고 무더운 여름에는 들판이 텅 비어버리기 때문이다.

루브르 박물관의 그림들은 때에 따라 자리가 옮겨지지만 우연히도 「페르세포네의 납치」가 걸린 벽 바로 건너에 주세페 아르침볼도의 '사계절' 연작이 걸려 있다. 르네상스에서 마니에리스모 양식으로 넘어가는 시기에 활동한 이 두 화가는 그림의 외관상 전혀 상관없어 보일지 몰라도 그 속내는 떼어놓을 수 없는 사이다.

아르침볼도는 밀라노에서 태어났고 죽을 때도 그곳에 있었다. 그는 합스

부르크 왕가를 위해 많은 작업을 했던 화가다. 그의 대표작인 '사계절' 연작은 똑같은 크기의 그림 네 점으로 이루어져 있다. 봄·여름·가을·겨울을 상징하는 식물을 언뜻 사람의 얼굴로 보이게 기발하게 그려낸 '눈속임 화법'으로 널리 알려졌다. 사계절에 들어맞는 네 개의 얼굴은 봄과 여름이, 가을과 겨울이 짝을 이뤄 서로 마주본다.

    사계절의 각 계절에 볼 수 있는 꽃이나 과일, 야채 등의 식물들을 그 특성에 따라 제자리에 알맞게 집어넣어 사람 얼굴 모양의 상징적인 초상화를 만들었다. 예컨대 맛있는 복숭아와 멜론이 나오는 「여름」의 경우, 뺨의 위치에 복숭아가, 머리엔 멜론이 그려졌다. 싱싱한 여름을 닮은 젊은이의 뺨이 볼그스레한 복숭아처럼 부드럽기 때문이고 머리통의 둥근 형태가 둥그런 멜론처럼 생겼기에 뒤통수가 되었다.

    생명이 돋아나는 「봄」에는 아주 앳된 아가씨가 등장하는데, 계절이 무르익어갈수록 계절을 나타내는 인물도 같이 나이 들어간다. 죽음을 상징하는 「겨울」에는 앙상하게 말라붙은 나무의 늙은이가 험상궂다. 살아 있는 느낌을 주는 것이라고는 가지 끝에 매달린 레몬과 오렌지가 있을 따름이다. 이 금빛 열매들은 시칠리아처럼 햇볕이 가득하고 온화한 지방에서 잘 자라는데 1년에도 여러 차례 수확할 수 있는 과실이다. 「겨울」에서의 이런 열매들은 부활을 상징하여 얼어붙은 죽음의 계절 속에서도 곧 다가올 새 생명을 약속하고 더불어 희망을 전한다. 아바테와 아르침볼도의 그림에 스며들어 있는 사계절의 상징은 인간의 삶도 결국은 자연의 법칙을 따른다는 것을 상기시킨다. 생명과 죽음의 순환을 그대로 따르며 흘러간다는 이야기다.

주세페 아르침볼도, '사계절' 중 「여름」
캔버스에 유채, 76×63.5cm ,1573, 루브르 박물관 소장

연작인 「봄」에 등장하는 어린 아가씨를 마주보며 싱긋 웃는 젊은이의 모습으로 그려진 「여름」은 모든 농작물이 풍성하다. 먹음직한 과일들과 싱싱한 야채들이 얼굴과 머리를 가득 채웠다.

가슴팍에는 아티초크 하나가 불쑥 튀어나와 무더운 여름철을 강조했다. 군데군데 보이는 밀은 눈썹과 머리카락으로, 그리고 어깨부분의 장식술로 쓰였다. 높은 겉깃에는 수를 놓은 듯이 '주세페 아르침볼도'의 이름과 '만들다'라는 말의 약자인 'F'가 새겨졌다. 어깨받이에는 '1573'의 숫자가 돋아나 있어 제작년도를 분명히 밝혔다.

아르침볼도는 사계절이라는 주제를 여러 번 되풀이하여 그렸다. 그 첫 번째 연작은 신성 로마제국의 황제인 페르디난트 1세의 주문에 의해 1563년에 완성되었다. 그의 아들이며 신성 로마제국과 합스부르크 황제였던 막시밀리안 2세는 1569년의 새해 선물로 '사계절'을 받았다.

10년이 지난 1573년, 막시밀리안 2세는 작센 지방의 선제후選帝侯에게 선물하기 위해 똑같은 그림을 주문했다. 그가 이 그림들을 얼마나 좋아했나를 말해주는 대목이다. 루브르 박물관에 보관된 1573년의 '사계절'은 첫 시리즈보다 조금 크기도 하지만 그림 테두리를 따라 꽃 그림들이 둘러쳐졌다. 장식적인 목적으로 덧붙여 그린 것으로 여겨진다. 본디의 모습대로 전해지는 1563년의 작품들보다 예술성의 깊이가 얕아 보이게 사족을 붙인 셈이다. 1563년의 '사계절'은 현재 「여름」과 「겨울」은 빈 미술사 박물관에, 「봄」은 마드리드의 산 페르난도 미술관에 보관되어 있다.

주세페 아르침볼도, '사계절' 중 「겨울」
캔버스에 유채, 76×63.5cm, 1573, 루브르 박물관 소장

모든 생물이 숨을 죽이고 메말라 있는 겨울을 나타낸 그림에서, 목 부분의 주름처럼 쭈글쭈글한 나무껍질에서 삐져나온 가지 하나에 난데없이 두 개의 열매가 달려 있다. 어둡고 을씨년스런 겨울날, 누군가 싱싱한 잎을 단 레몬과 오렌지를 가지 끝에 대롱대롱 매달아놓은 듯하다. 자연을 다스리는 조물주가 몰래 다녀가기라도 한 걸까? 분명 봄은 멀지 않았고 칙칙한 계절을 벗어버릴 생명의 빛이 곧 다시 찾아올 것임을 알려주는 희망의 메시지다.

몸을 두른 돗자리 같은 것은 마치 주교의 화려한 예복 위에 걸친 뻣뻣한 망토를 생각나게 한다. 자세히 보면 그 위에 새겨진 무늬가 보이는데 테두리 안에 두 개의 칼을 엇대어 놓은 모양을 수놓았다. 1563년에 그려진 다른 연작의 「겨울」에서는 볼 수 없는 표식이다. 왜냐하면 이 그림을 선물 받게 될 주인공의 휘장을 나타낸 까닭이다. 이 무늬는 작센 지방의 선제후인 아우구스트를 나타낸다. 선제후는 신성 로마제국의 황제를 선출하는 자격을 지닌 제후를 가리키는 말이다. 선물용으로 이 그림을 주문했던 막시밀리안 2세로서는 정치적 목적 때문에 도타운 사이를 맺어야 할 중요한 존재였다. 재미나고 멋진 예술작품이 외교적 선물로서 만들어진 셈인데 16세기답게 고상한 뇌물이다.

변함없는 진리를 신화와 해학의 이름으로 각각 풀어놓은 셈이다.

살펴본 대로 아바테가 그린 「페르세포네의 납치」 속에는 데메테르, 페르세포네, 하데스를 주인공으로 하는 그리스 신화 한 편이 모두 녹아들어 있다. 거기다 신화의 용광로인 에트나 화산과 프랑수아 1세의 퐁텐블로와도 닿아 있는 오케아니스의 이야기와 삶과 죽음의 순환으로 이어지는 사계절의 상징과 시칠리아의 상상적 풍경화까지 곁들여졌다. 루브르 박물관에서 「페르세포네의 납치」를 볼 때마다 시칠리아를 그려보았는데 지금은 에트나의 눈 덮인 산봉우리를 직접 바라보고 서서 그림을 되새겨본다. 발아래에는 끊임없이 구름바다가 뭉글대고 등 뒤의 거대한 산은 구름이 되는 연기를 멈추지 않고 뿜어댄다. 시칠리아가 품어온 3,000년의 지중해 문명이 와락 가슴으로 쏟아져 들어온다.

타오르미나의 에트나, 어린 시절의 앞산

언젠가 지하세계로 가야 할 때까지 에트나를 다시 볼 수 없을지도 모른다는 아쉬움을 뒤로하고 산을 내려왔다. 내가 가장 우러러보는 사람들 중 하나가 모든 것을 걸고 산을 타는 사람들이다. 그들은 보통 사람들이 가질 수 없는 정신력과 끝까지 굽히지 않는 체력, 끝없이 도전하기 위해 또 한 발을 내딛는 의지력을 가졌다. 동료를 구하기 위해 죽음의 크레바스에 자신을 던지거나 생명의 줄을 스스로 끊을 수 있는 희생정신으로 뭉쳤기 때문이다. 하지만 그 무엇보다 큰 감동을 주는 것은 산꼭대기에 올라

섰을 때 밀려드는 인간의 고독감을 감당할 수 있는 가슴이다. 길고 고된 준비 과정을 마침내 이루고서 짧은 한순간의 더할 수 없는 기쁨을 뒤로하고 다시 산을 내려올 수 있는 묵묵함이다.

이것이야말로 인간의 본질을 보여주는 정신의 결정체다. 인간이 아닌 그 어느 생명체가 공기조차 희박할 만큼 높은 산을 오른 적이 있는가? 인간은 왜 목숨까지 내걸고 아무것도 존재하지 않는 산꼭대기를 굳이 오르려는 것일까? 그나마 "거기에 있기 때문에"라는 대답은 보통 사람들이 엄두도 못내는 산을 오르락내리락 하는 사람들이나 할 수 있는 말이다.

그런 힘과 정신을 갖추지 못한 까닭에 갖은 어려움을 딛고 산꼭대기에 다다른 사람만이 가져볼 수 있는 가슴을 꼭 한 번만이라도 느껴보고 싶었다. 하늘 꼭대기에서 다시 원점으로 발걸음을 내디딜 수 있는 그 엄청난 용기를 단 한 번이라도 가져보고 싶었다. 산을 오르는 모습보다 꼭대기에서 내려오는 산사람들의 모습이 더 대단해 보이는 이유는 움켜쥐는 것보다 놓아버릴 수 있는 성숙함 때문인지도 모른다.

오름은 내려옴을 달고 있고 내려옴은 새로운 오름을 앞둔다. 봄은 여름으로 이어지고 여름은 가을을 맺고 가을은 겨울을 맞는다. 겨울은 끝이어도 언제나 새봄을 낳는다. 태어난 인간은 언젠가 죽음에 이르지만 그 뒤엔 변함없이 새로운 생명들이 잇달아 꼬리를 문다. 그러기에 모든 자연의 섭리는 마디마디의 직선이 아니라 끝도 시작도 없는 둥그런 원이다. 생겨나는 것도 없고 사라지는 것도 없이 색즉시공 色卽是空 공즉시색 空卽是色이다. 이것은 인간이 욕심을 없애기 전에는, 즉 산을 오를 때는 깨달을 수 없는 마음이다. 모든 것이 덧없음으로 비워진 후의 텅 빈 마음, 산을 내려올 때 비로소 얻는 진리일 것이다.

비록 그 발치에도 못 미치겠지만 한 번의 여행이 끝나갈 무렵에는 어슴푸레하게나마 그 깊은 진리의 언저리를 느껴보게 된다. 여행은 인생의 가장 뛰어난 학교이며 삶의 축소판이기 때문이리라. 스스로 깨닫지 못하는 사이에 굳어져가는 일상의 굴레를 벗어나 낯선 세상을 만나면서 새로이 눈을 뜨는 여행의 끝 무렵에는 늘 채울 수 없는 허전함이 몰려든다.

무어라 표현하기 힘든 고독함과 아무짝에 쓸모없는 후회와 이 순간 이 장소를 또 한 번 가지지 못하는 데서 오는 아쉬움이 한꺼번에 밀려든다. 더불어, 짧은 시간이었지만 진한 체험과 행복과 기쁨의 순간들이 값진 추억으로 바뀌는 연금술의 신비로운 순간이다. 멀리 나갔던 길을 되돌아오는 여행의 끄트머리에는 올랐던 산을 다시 내려오는 마음이 있다. 삶을 뒤로 하고 죽음을 앞에 두었을 때 지나온 순간들을 모두 접고 낯선 세계로 들어서는 영혼의 상태가 이러할까?

다시 바닷가로 돌아와 타오르미나의 호텔에 도착할 즈음에는 저녁 어스름이 막 내려앉고 있었다. 타오르미나는 이번 여정의 마지막 목적지다. 비록 카타니아에서 시칠리아 섬을 떠나지만 지난 것을 정리할 마지막 쉼터를 이곳으로 삼았다. 시칠리아를 찾아온 두 가지 바람을 모두 이루고 난 뒤에는 타오르미나가 휴식의 시간을 갖기에 알맞은 곳이라 여긴 까닭이다. 바다를 굽어보는 해발 200미터의 절벽에 있는 이 도시는 첫눈에도 지중해 휴해 지는 저녁, 타오르미나 호텔 방에서 에트나를 바라보았다. 에트나의 법칙대로, 해가 지기 전에 잠깐 정상을 드러낸 에트나의 검은 윤곽선은 노을 지는 하늘가를 가르는 선이 되었다. 날은 빠르게 어두워지는데 흘러가는 구름들은 에트나에 머물지 않고 어딜 바삐 가는 걸까? 빛과 어둠의 경계에 서 있는 에트나는 더이상 분노의 화산이 아니라 외로움을 간직한 멜랑콜리한 산이 되었다. 이제 얼마 남지 않은 시간이 다하면 하늘도 구름도 에트나도 모두 어둠 속에 안길 것이다.

양도시의 분위기가 물씬하다. 시칠리아의 눈부신 진주다.

타오르미나는 좋은 기후와 바다와 산 그리고 향기로운 문화에 이끌려 오래전부터 높은 지위의 사람들과 명사들이 찾아온 곳이다. 그들이 곧잘 머물던 호텔이 '그랜드 호텔 티메오'인데, 지금도 시칠리아에서 가장 매력적인 숙소로 꼽힌다. 바다 절벽 꼭대기에는 세상에서 가장 아름다운 배경을 가진 그리스 테아트론이 시간의 둥지처럼 자리를 틀고 있다. 그 바로 아래에 자리한 호텔은 야자나무, 사이프러스, 해송, 올리브나무의 짙은 그늘에 잠겨 있다. 19세기에 세워져 시칠리아 바로크 스타일로 정성을 들여 꾸민 실내는 완만하게 바다로 내려가는 에트나의 북동쪽 자태를 감상하기엔 더할 나위 없이 좋은 장소다.

들고 다니던 것을 모두 방에 던져놓고 발코니로 나가니 에트나가 삼각형의 거대한 몸통을 바로 눈앞에 드리우고 있다. 넉넉지 못한 여행자가 이런 곳에서 이런 순간을 맞는다는 것이 너무 분에 넘치지만 따질 수 없을 정도로 값어치 있는 행복감이 가슴을 채운다. 여행은 인생에서 가장 많은 것을 만날 수 있는 기회이며, 평생토록 간직할 순간을 맛볼 수 있는 축복이자, 지워지지 않는 추억의 문신을 새기는 과정이다. 그러기에 여행을 하는 동안에 보고 느끼고 즐기고 먹고 자고 생각하고 깨닫는 모든 것이 무엇과도 바꿀 수 없는 소중함으로 빛난다.

에트나의 밑둥치는 아직도 구름에 가려 있고 서쪽으로 넘어가는 해가 뿌리는 마지막 빛줄기들은 갈라진 구름 사이로 쏟아져 내린다. 길게 펼쳐진 시칠리아 동쪽 해안선의 마을들은 하나둘씩 불을 켜기 시작한다. 발코니에서 있은 지가 한참인데 저녁 어스름의 차가움도 아랑곳없이 앞에 앉은 에트나로부터 눈을 떼지 못한다. 별이 나오고 에트나가 캄캄한 어둠 속으로 완전히 모습을 감출 때까지.

이튿날 아침 첫 햇살도 닿지 않은 어둑함 속에 호텔 발코니로 나가 다시 에트나를 붙들고 서 있다. 산 하나를 이렇게 오래도록 그리고 정신없이 바라보고 있자니 어린 시절로 기억이 내달린다. 어느새 40년이 넘는 시간이 저편으로 훌쩍 흘러간 셈이다. 그때는 집 앞을 멀찍이 가로막고 있던 산들을 하루도 빠짐없이 바라볼 수밖에 없었다. 맞은쪽 언덕에 자리한 집에서는 마루에 서나 앞마당에 나서나 창문을 통해서나 늘 앞에 산이 있었다. 남쪽으로는 푸른 바다의 한 모퉁이가 빛나고 있었다.

시칠리아를 떠나온 뒤로도 오랫동안 에트나를 마주보던 그 순간이 또렷이 남았다. 어쩌면 그때 정신없이 쳐다보던 에트나는 그저 불 뿜는 신화 속의 화산이 아니라 나의 동심에 남아 있던 앞산이었는지도 모른다. 모든 것이 신기롭고 커다랗게 보이던 어린아이의 눈에 비친 앞산은 지금의 에트나처럼 거대했었다. 햇살에 반짝이는 빛을 되쏘는 남쪽 바다의 눈부심은 지중해 바닷가와도 다름없었다. 타오르미나에서 마주한 에트나 산과 이오니아 바다에 온통 넋을 잃고 빠져들었던 까닭을 시간이 한참 지나고서야 비로소 알게 된 것이다. 시칠리아의 타오르미나가 마음의 고향을 돌이켜준 사실을 떠나오고서야 뒤늦게 깨달은 셈이다.

어렸을 때는 앞산을 바라볼 적마다 늘 떠오르던 생각이 있었다. 저 산 너머엔 도대체 어떤 것들이 있을까라는 물음. 왜 아무에게도 묻지 않았는지

해는 동쪽 바다에서 다시 떠올랐다. 어둠의 장막을 말끔히 거두고서. 타오르미나에서 맞는 아침에도 에트나는 눈앞에 그 찬란한 자태를 빛내고 있다. 보이지 않는 새들이 지저귀는 아침 노래는 드높은데 가시지 않은 찬 기운 때문에 구름들은 아직 낮게 떠 있다. 푸르른 하늘 아래 그보다 높은 것이 없는 하얀 봉우리의 에트나는 더없이 숭고해 보인다. 새파란 지중해의 바닷물을 껴안는 해안선은 문득 이곳이 섬이라는 사실을 일깨워준다. 바다가 있고 그 속에 섬이 있고 그 속에 산이 있다.

알 수 없지만 참으로 궁금한 그 무엇으로 남았었다. 왠지 물어봐서는 안 될 비밀처럼 간직했었다. 그때의 앞산은 수많은 상상과 동경의 시간을 만들어준 친구였다. 가로막고 있기에 그 뒤의 것들을 꿈꾸게 해준 선생님이었다.

아직도 그 앞산을 올라가보지 못했지만 이제는 어린 시절의 궁금함이 시나브로 꺼져버렸다. 답을 찾아서일까? 정작 나이를 먹어갈수록 더 많은 물음들이 생겨난다. 삶을 정리해야 할 만큼 살았음에도, 어릴 때의 앞산보다 더 높은 산들을 숱하게 넘었음에도 풀리지 않는 궁금증들은 이제 어디서 그 답을 찾아야 할까? 너무나 간단한 이치인데도 뭇 인간들이 짧은 인생살이에서 얻지 못하고 마는 진리일까? 죽음 저편에 기다리고 있는 영혼의 세계에서 풀어야 할 숙제일까? 시칠리아에서 만난 산 하나가 잊혔던 옛날과 남은 앞날을 곰새길 화두 하나를 던져주었다.

불현듯 시칠리아가 그리워진다. 다시 그곳으로 날아가고프다. 어느새 상상의 나래가 절로 펴져 바로 눈 아래에 호텔 발코니에 서 있는 나의 모습이 보이고, 타오르미나의 산꼭대기에 테아트론이 자리하고, 눈길이 닿는 곳에 화산 연기를 뿜는 에트나가 장엄한 원뿔 모양으로 우뚝 솟아 있다. 시라쿠사의 돌산이 나타나면서 부채꼴의 그리스 테아트론이 눈에 들어오고, 카라바조가 석회석 채석장을 돌아보고 있고, 두오모 광장의 향기로운 카페가 빙글빙글 돌아간다. 섬 한가운데 들어선 카살레의 빌라 로마나 터가 보이고, 색색깔의 돌 조각 속에 갇힌 로마 시절의 이야기들이 떠오르고, 높다란 사이프러스의 짙은 그림자가 땅 위에 길게 끌린다. 북아프리카에서 밀려온 파도가 처음으로 뭍에 부딪혀 하얗게 부서지고, 파도를 따라 늘어선 아그리젠토 폐허의 돌기둥들이 붉게 타고, 울퉁불퉁 휘어진 올리브나무들은 아득한 세월의 뿌리로써 땅 위에 단단히 버티고 서 있다. 게딱지처럼 엉겨 붙은 팔레르모가 펼쳐지면서 중세를 휩쓸던 「죽음의 승리」가, 시칠리아로 초대해준 안토넬로의 「성모영보의 마돈나」가 눈앞에 다시 어른거린다. 시끄러운 골목시장을 메운 사람들이 바삐 돌아다니고, 그늘 속에 마피아의 모습도 숨겨져 있고, 뾰족하고 둥근 모양의 성당들이 별자리처럼 시내 곳곳에 박혀 있다. 가까운 몬레알레가 구름 사이로 드러나자 판토크라토레의 빛남과 반듯한 수도원의 고요함이 한눈에 들어온다. 높이 오를수록 지중해는 넓어지고 눈부심 때문에 눈을 제대로 가누지 못할 때, 그리스 신화 속에 늘 살아 있는 메두사의 얼굴이 다가오고, 보석처럼 사방으로 흩어진 잔물결들이 삼각형의 시칠리아 섬을 감싸고 반짝거린다.

신화의 섬, 시칠리아
한 여자와 산 하나를 찾아가는 시칠리아 기행
ⓒ 박제, 2008

초판 인쇄	2008년 10월 9일
초판 발행	2008년 10월 16일

지은이	박제
펴낸이	정민영
책임편집	손희경 김윤희
디자인	이현정
마케팅	최정식 정상희 이숙재

펴낸곳	(주)아트북스
출판등록	2001년 5월 18일 제406-2003-057호
주소	413-756 경기도 파주시 교하읍 문발리 파주출판도시 513-8
전화	031-955-7977(편집부) / 031-955-8888(관리부)
팩스	031-955-8855
전자우편	artbooks21@naver.com

ISBN 978-89-6196-020-5 03600

이 서적내에 사용된 Pablo Picasso의 작품은 SACK를 통해 Succession Picasso와 저작권 계약을 맺은 것입니다.
저작권법에 의하여 한국 내에서 보호를 받는 저작물이므로 무단 전재 및 복제를 금합니다.

이 책에 사용된 저작권 관리 대상 작품 목록은 다음과 같습니다.
ⓒ 2008 - Succession Pablo Picasso - SACK (Korea) _p.116, 117